LOS CUADERNOS DEL
*dibujante*

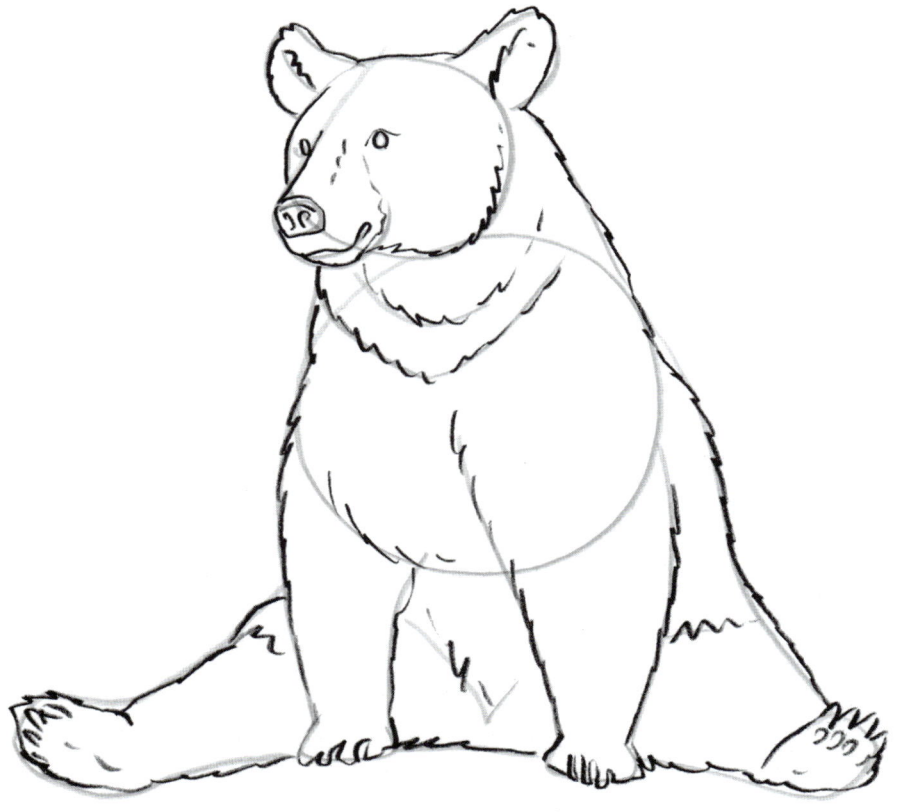

LISE HERZOG

# ANIMALES

## 50 MODELOS PARA EMPEZAR

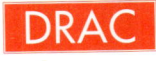

# ANTES DE EMPEZAR...

Dibujar animales se consigue dominando formas flexibles, en movimiento, listas para escaparse en todo momento. Para conseguirlo no hace falta intentar fijarlas sobre el papel en un bonito dibujo de contornos impecables. Al contrario, más vale dejar respirar al dibujo y mantener zonas sin detallar. Lo más importante es escoger actitudes propias del animal elegido y reconocer los detalles que le harán inmediatamente identificable.

Se puede reagrupar a los animales por categorías morfológicas comunes. En estas nuevas familias, muchas de sus formas generales serán parecidas, pero los detalles los identificarán. Así, una vez que se consigue dibujar un animal, será muy fácil dibujar los demás del mismo grupo. Este libro propone bocetos de familias; ahora debemos completarlos observando las formas comunes a otros animales que no están aquí representados.

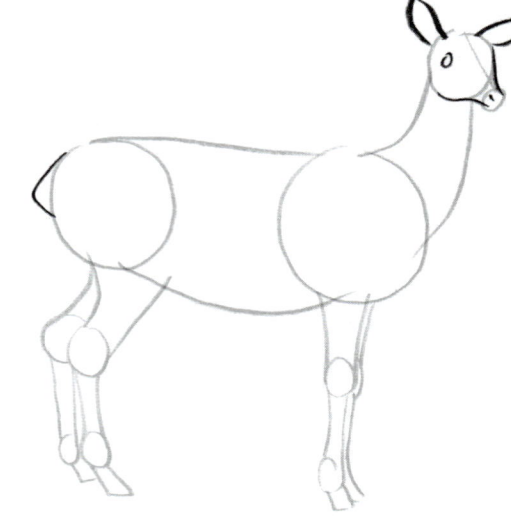

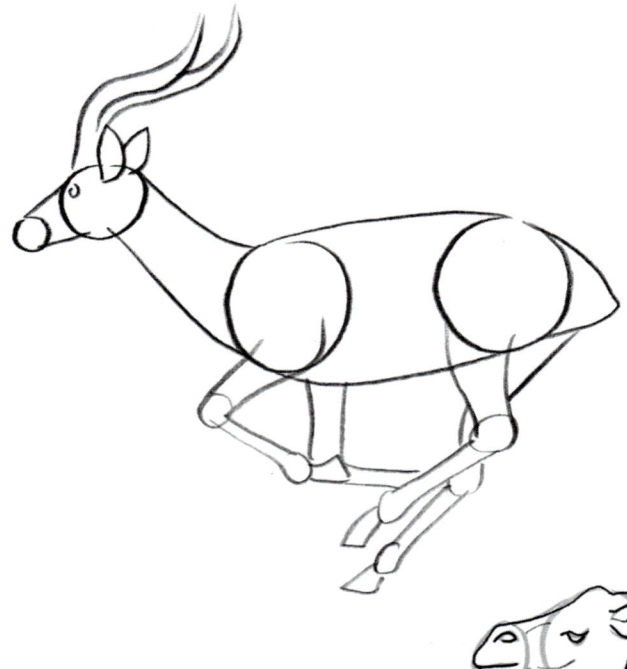

Algunos animales tienen proporciones que parecen tan improbables que no conseguimos reproducirlos fielmente. También la observación es esencial. Probad variantes, estirad las patas, recortad el hocico, alargad las orejas... Finalmente esos son los detalles característicos y la impresión general que contará mucho más que la representación exacta de las proporciones.

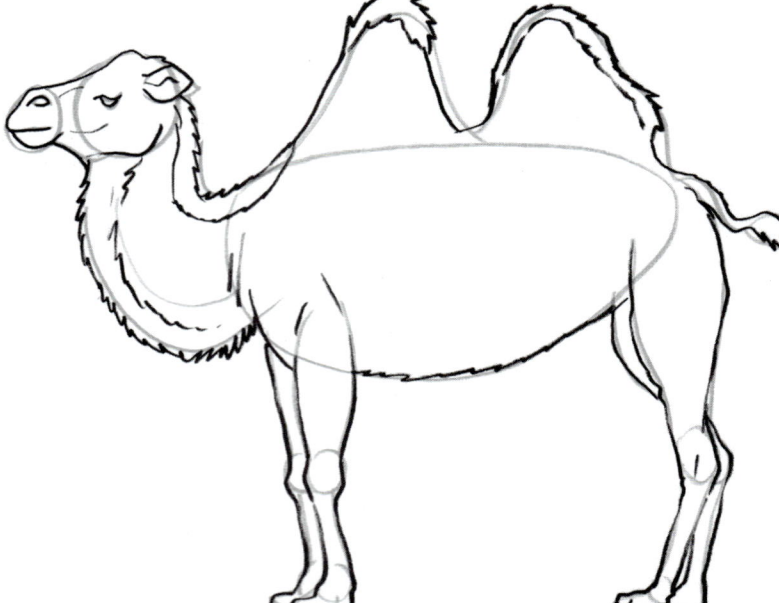

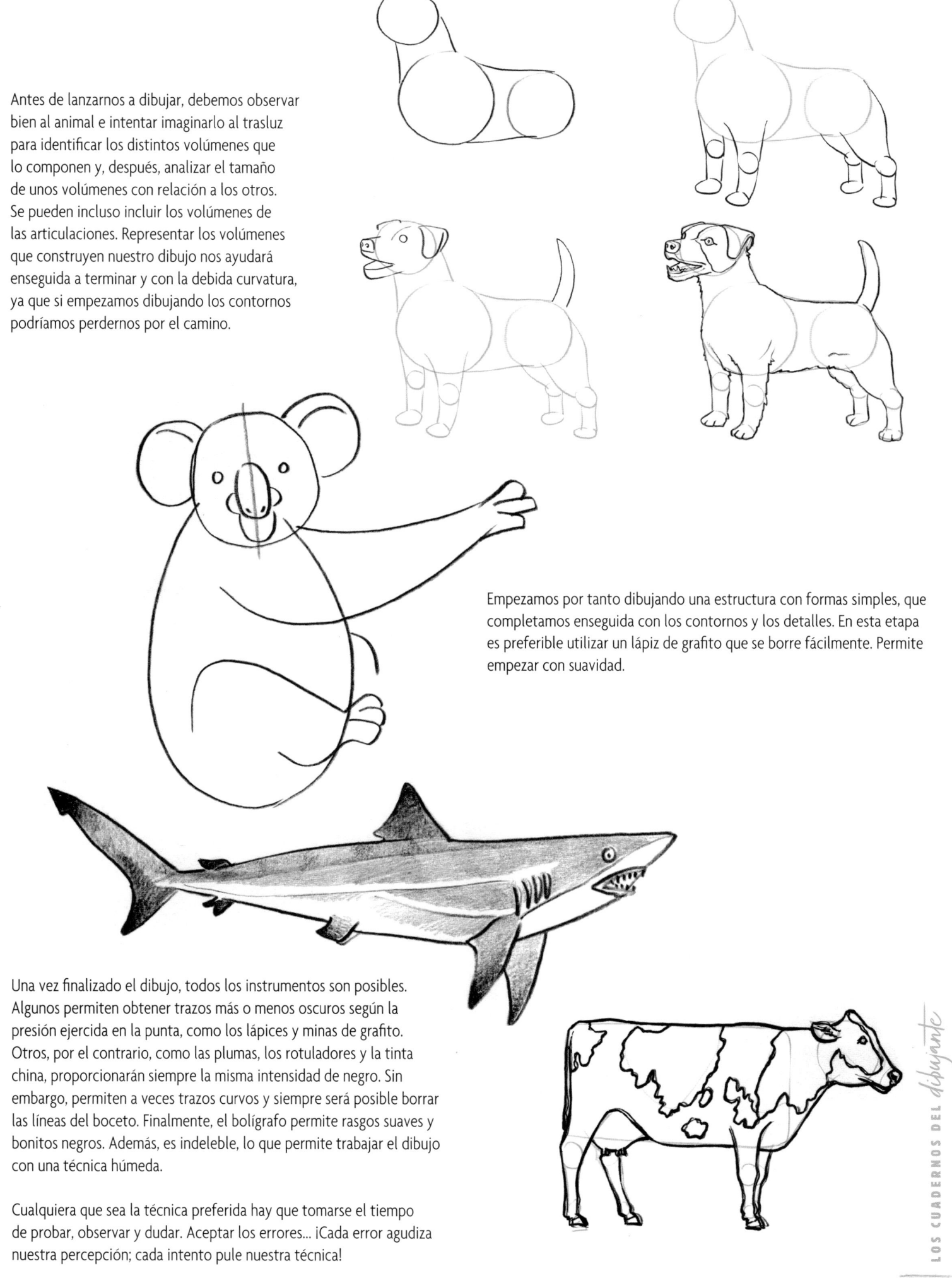

Antes de lanzarnos a dibujar, debemos observar bien al animal e intentar imaginarlo al trasluz para identificar los distintos volúmenes que lo componen y, después, analizar el tamaño de unos volúmenes con relación a los otros. Se pueden incluso incluir los volúmenes de las articulaciones. Representar los volúmenes que construyen nuestro dibujo nos ayudará enseguida a terminar y con la debida curvatura, ya que si empezamos dibujando los contornos podríamos perdernos por el camino.

Empezamos por tanto dibujando una estructura con formas simples, que completamos enseguida con los contornos y los detalles. En esta etapa es preferible utilizar un lápiz de grafito que se borre fácilmente. Permite empezar con suavidad.

Una vez finalizado el dibujo, todos los instrumentos son posibles. Algunos permiten obtener trazos más o menos oscuros según la presión ejercida en la punta, como los lápices y minas de grafito. Otros, por el contrario, como las plumas, los rotuladores y la tinta china, proporcionarán siempre la misma intensidad de negro. Sin embargo, permiten a veces trazos curvos y siempre será posible borrar las líneas del boceto. Finalmente, el bolígrafo permite rasgos suaves y bonitos negros. Además, es indeleble, lo que permite trabajar el dibujo con una técnica húmeda.

Cualquiera que sea la técnica preferida hay que tomarse el tiempo de probar, observar y dudar. Aceptar los errores... ¡Cada error agudiza nuestra percepción; cada intento pule nuestra técnica!

# LOS ANIMALES MARINOS

Para dibujar la mayor parte de los animales marinos, comenzamos con una forma de coma muy curva, a la que se añadirán detalles diferentes según la especie. La cabeza se sitúa generalmente en el lado más ancho de la coma. Lo más importante es que el conjunto quede muy flexible y sinuoso.

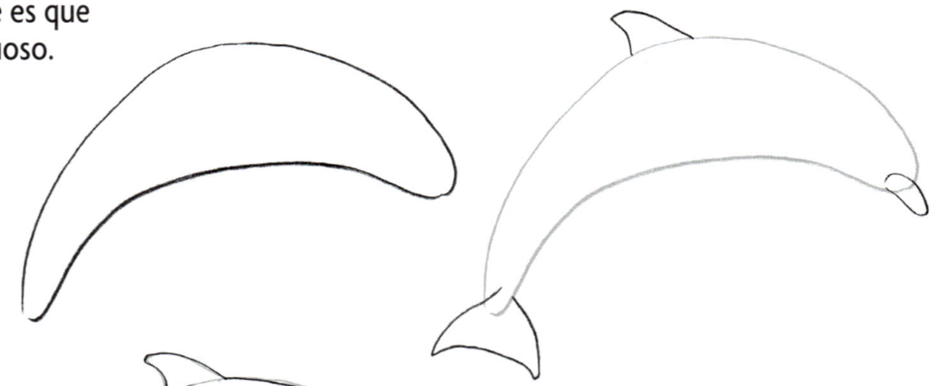

Tras dibujar el volumen del cuerpo de este delfín, añadimos la aleta dorsal, la cola triangular y, sobre todo, su hocico tan característico.

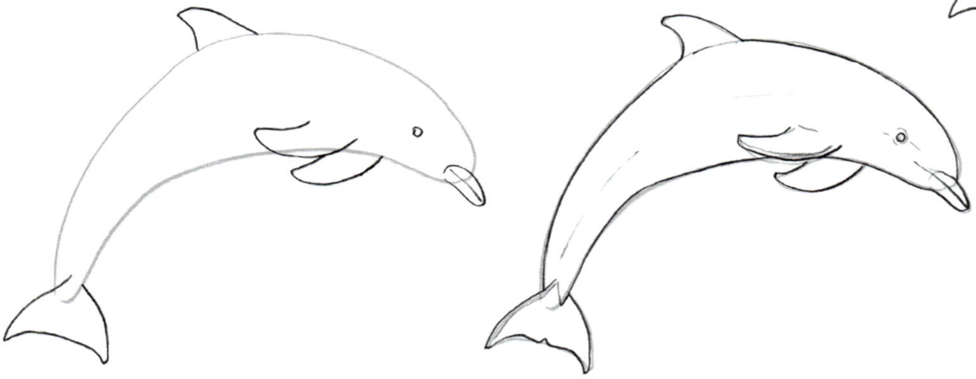

Sus dos pequeñas aletas, junto a la cabeza, parecen pequeñas alas. Hay que dibujarlas bien una después de la otra para mostrar el volumen del cuerpo.

Después, volviendo a dibujar los contornos, se pueden aportar detalles y alguna línea para dar la sensación de reflejos y humedad.

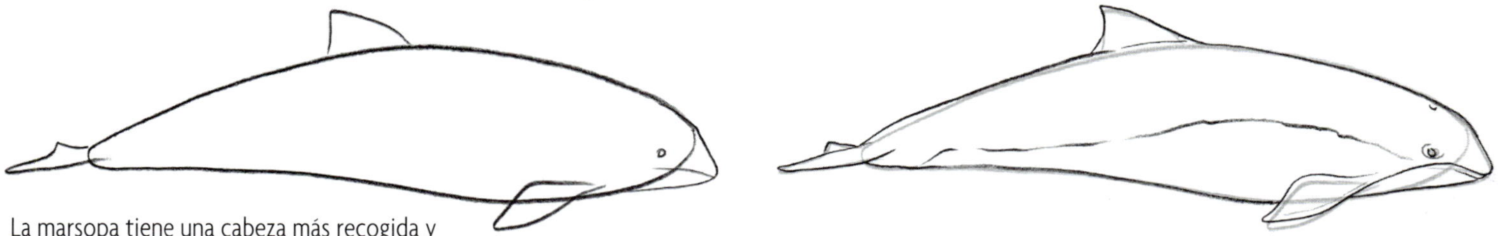

La marsopa tiene una cabeza más recogida y un pequeño hocico triangular. Su terminación en blanco y negro la hará más reconocible.

La ballena, en cambio, tiene el hocico estirado y unas mandíbulas prominentes. Sus aletas son más laterales que las del delfín. La proporción entre las distintas partes de su cuerpo le dará la apariencia de gran tamaño.

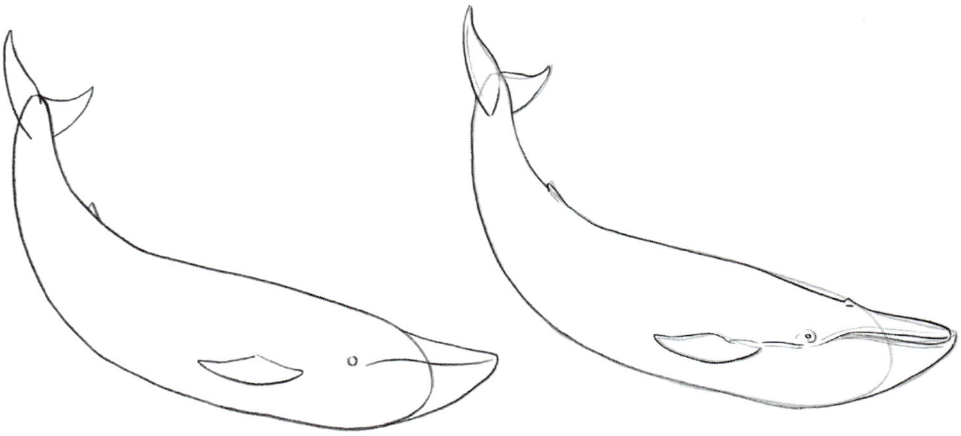

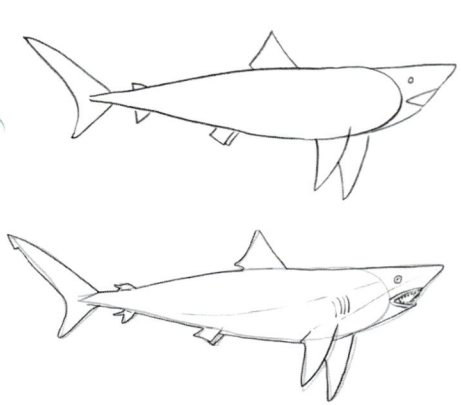

El tiburón es muy reconocible debido a su morro tan puntiagudo, sus numerosos dientes y, por supuesto, a su aleta dorsal igualmente puntiaguda.

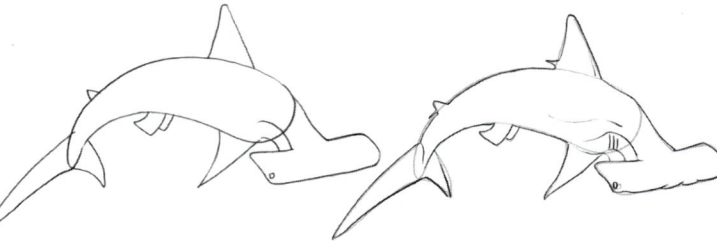

Y finalmente, ciertos animales marinos, como el tiburón martillo, tienen detalles muy atípicos... ¡Observa que su cabeza es perpendicular a la línea de su cuerpo!

# TERMINAR EL DIBUJO A LÁPIZ DE COLOR NEGRO

El lápiz de color negro permite obtener bonitos negros, pero también trazos suaves y polvorientos si no apretamos demasiado. ¡Cuidado, no se borra bien!

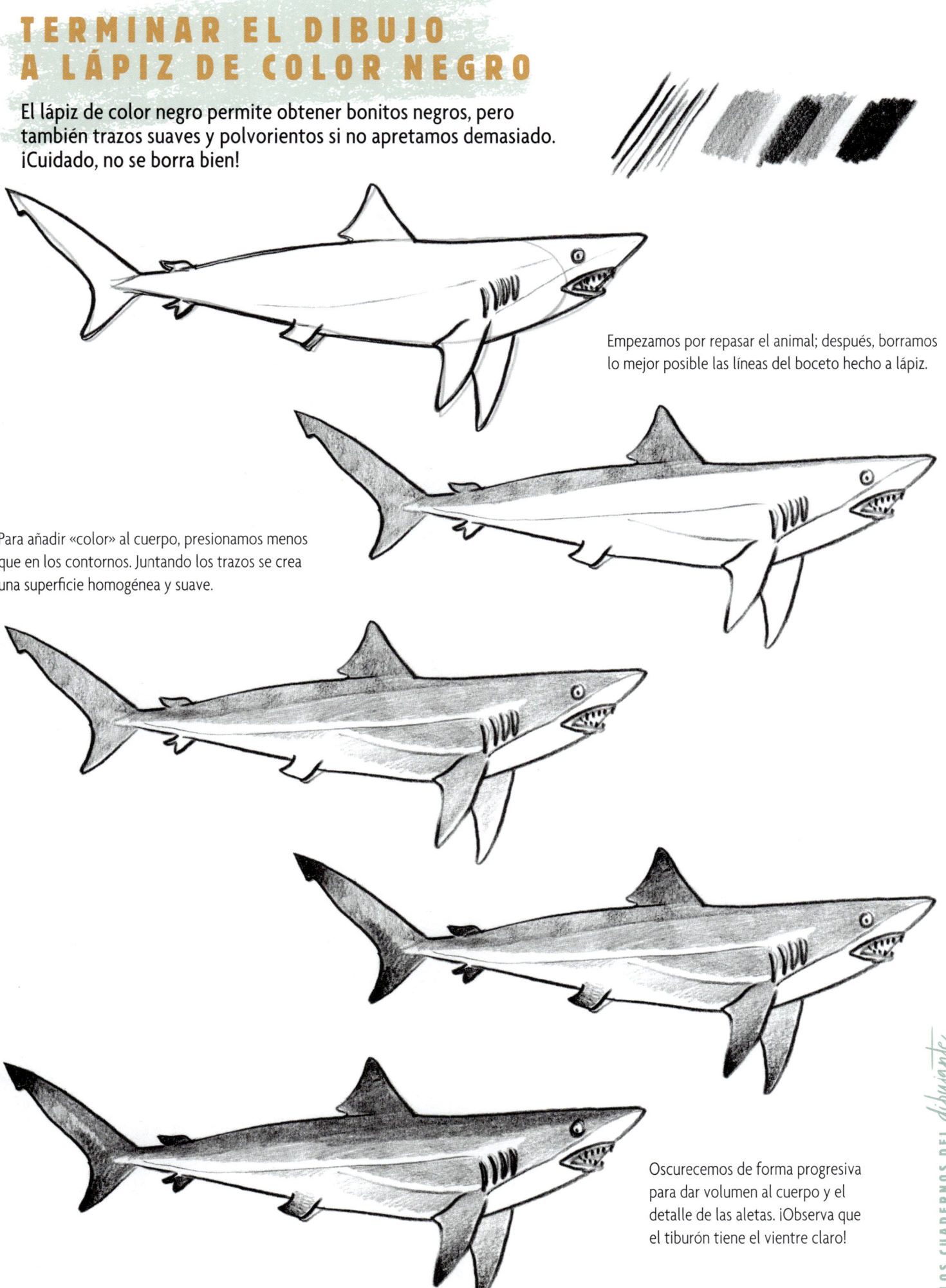

Empezamos por repasar el animal; después, borramos lo mejor posible las líneas del boceto hecho a lápiz.

Para añadir «color» al cuerpo, presionamos menos que en los contornos. Juntando los trazos se crea una superficie homogénea y suave.

Oscurecemos de forma progresiva para dar volumen al cuerpo y el detalle de las aletas. ¡Observa que el tiburón tiene el vientre claro!

# ROEDORES Y COMPAÑÍA

La mayoría de los pequeños roedores tienen la parte baja del cuerpo más voluminosa que la parte delantera y la cabeza. Ágiles y nerviosos, pueden encogerse en una bola o estirarse para correr y saltar. Las patas traseras, mucho más importantes que las delanteras, les permiten levantarse y parecer que están sentados. Son los detalles y las proporciones de cada uno los que les diferenciarán.

Para dibujar un ratón, se puede empezar por el volumen de su espalda, que indicará su postura.

A continuación, se añade la parte delantera del cuerpo afinándola hacia el círculo de la cabeza. El ratón tiene un hocico particularmente puntiagudo y grande con relación al resto de su cuerpo.

Sus orejas pueden ser más o menos grandes y su cola siempre es larga y apuntada.

La marmota tiene la cabeza más recogida y redonda, orejas pequeñas y una cola tupida.

El hurón tiene el cuerpo muy alargado.

El cuerpo del hámster está recogido.

Un hámster visto de frente es una superposición de volúmenes redondeados.

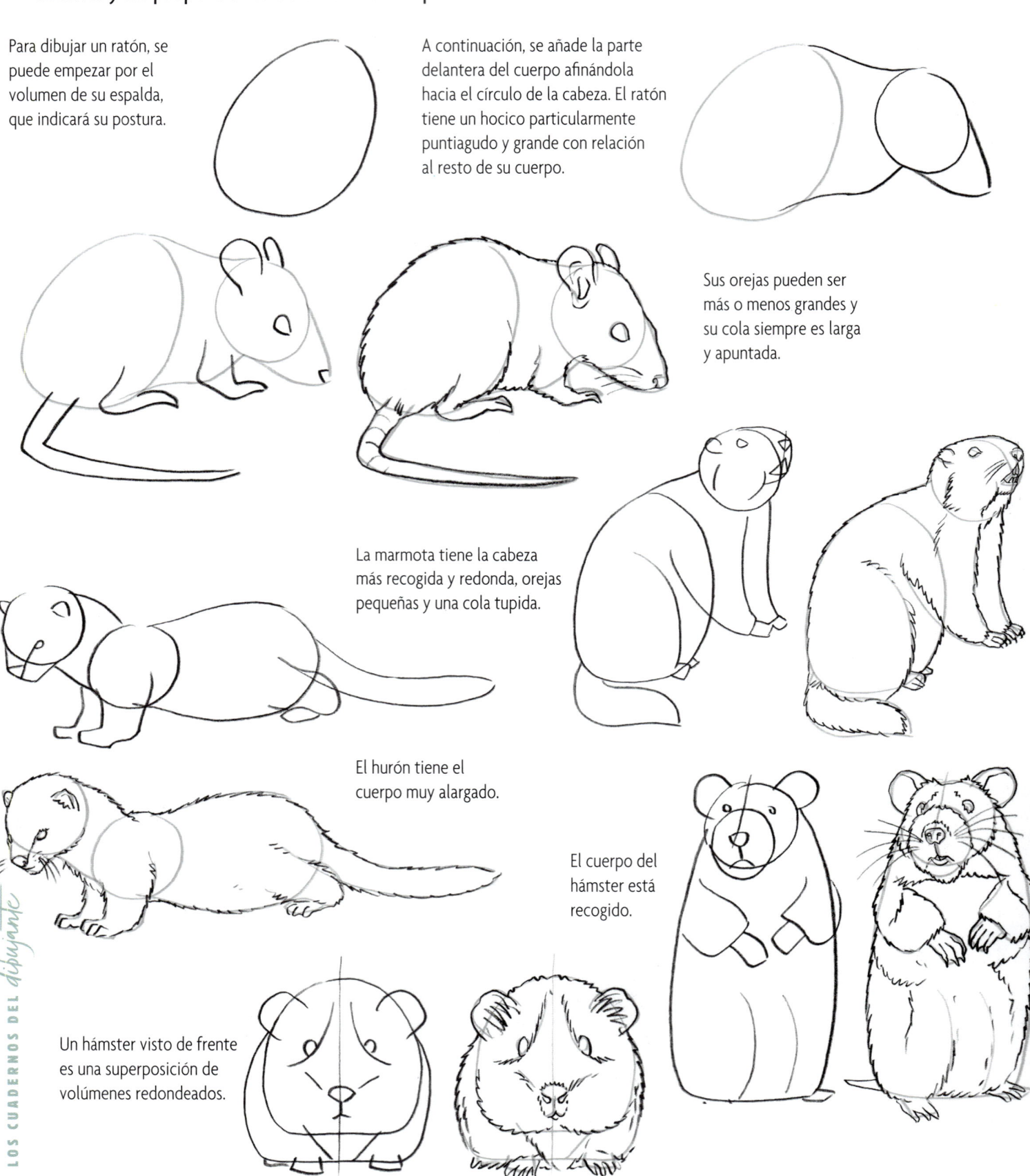

# TERMINAR EL DIBUJO A ROTULADOR DE PUNTA MEDIA

Un rotulador de grosor medio permite realizar trazos con matices, más gruesos o más finos, según apretemos mucho o poco. Así podemos resaltar pequeños detalles y oscurecer fácilmente determinadas zonas.

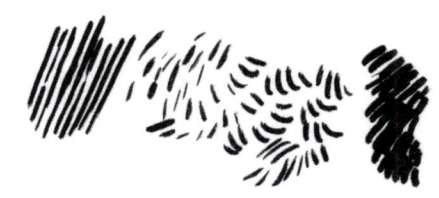

Empezamos repasando los contornos de nuestra marmota, dibujando pequeños zigzags para representar el pelaje.

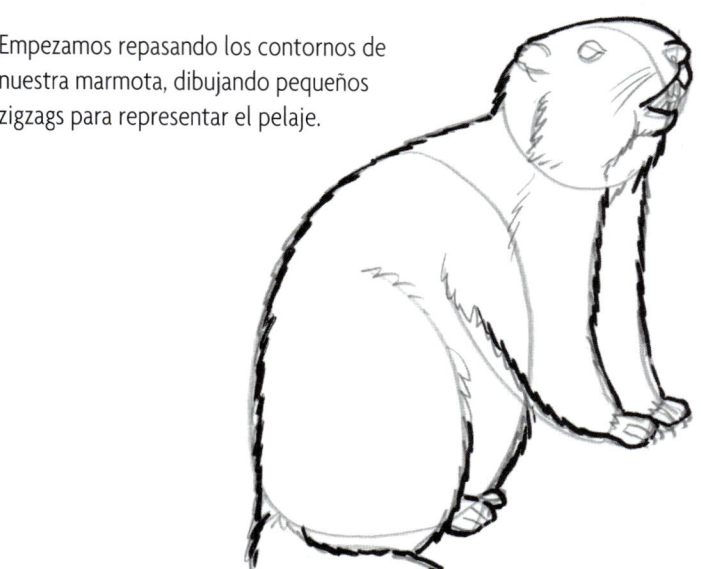

Después de borrar las marcas de lápiz, añadimos más detalles.

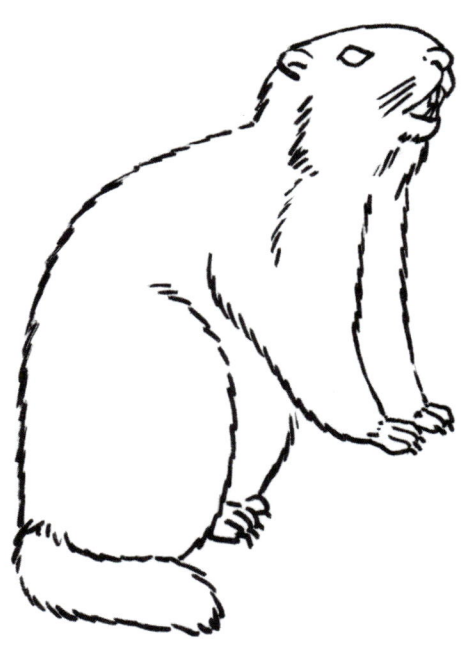

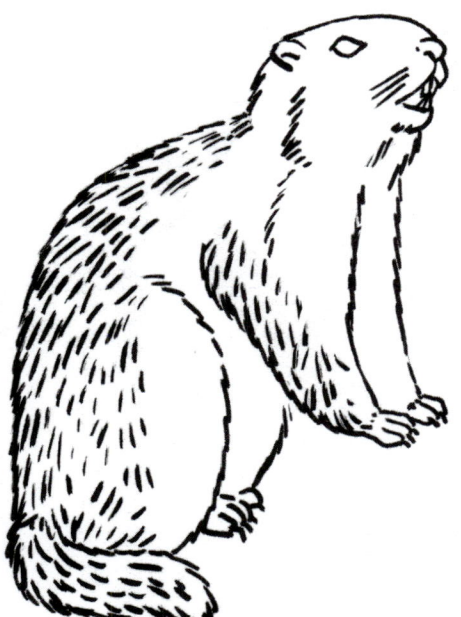

Rellenamos los volúmenes con pequeñas rayas trazadas en distintas direcciones, teniendo cuidado de dejar partes blancas para mantener la luz en los volúmenes. La marmota tiene un pelaje que parece un poco áspero.

Cuanto más oscurezcamos ciertas partes, más volumen aportaremos. ¡Sin embargo, hay que parar a tiempo para no apelmazar el dibujo!

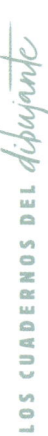

# OSOS Y COMPAÑÍA

La familia de los «peluches» reagrupa a grandes animales redondeados, sobre todo a causa del espesor de su piel. En conjunto, su cabeza es pequeña y redonda, y sus patas un poco cortas. ¡Pueden sentarse e incluso alzarse sobre sus patas traseras!

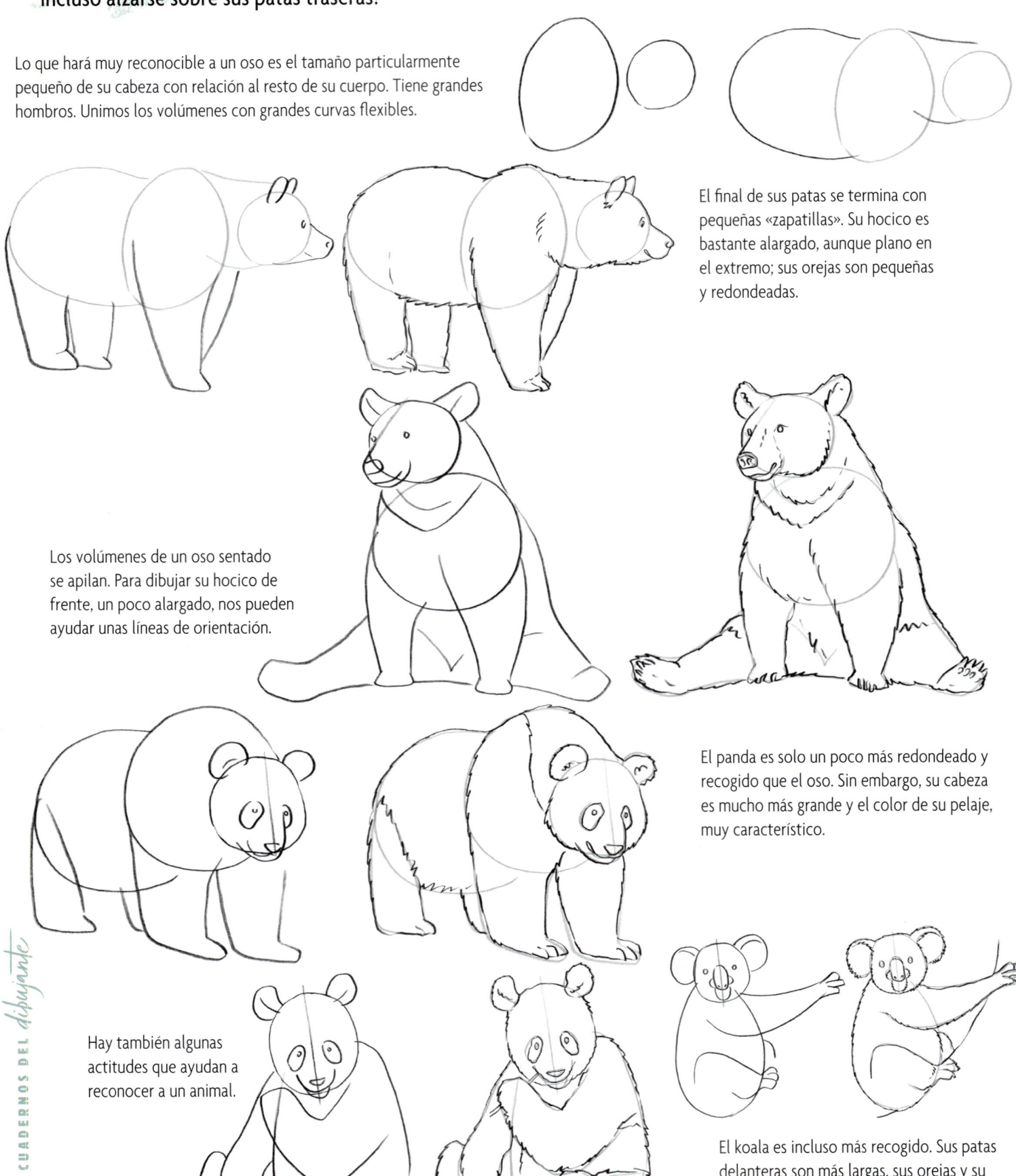

Lo que hará muy reconocible a un oso es el tamaño particularmente pequeño de su cabeza con relación al resto de su cuerpo. Tiene grandes hombros. Unimos los volúmenes con grandes curvas flexibles.

El final de sus patas se termina con pequeñas «zapatillas». Su hocico es bastante alargado, aunque plano en el extremo; sus orejas son pequeñas y redondeadas.

Los volúmenes de un oso sentado se apilan. Para dibujar su hocico de frente, un poco alargado, nos pueden ayudar unas líneas de orientación.

El panda es solo un poco más redondeado y recogido que el oso. Sin embargo, su cabeza es mucho más grande y el color de su pelaje, muy característico.

Hay también algunas actitudes que ayudan a reconocer a un animal.

El koala es incluso más recogido. Sus patas delanteras son más largas, sus orejas y su cabeza son inconfundibles.

# TERMINAR EL DIBUJO A LÁPIZ GRASO

Los lápices grasos son lápices de grafito cuya intensidad de mina varía de 4 a 6 B. Permiten trazos muy oscuros e intensos, pero también superficies grises si no apretamos demasiado. También se puede difuminar el resultado frotando el dibujo con una goma de miga de pan, el dedo o un trozo de cartón.

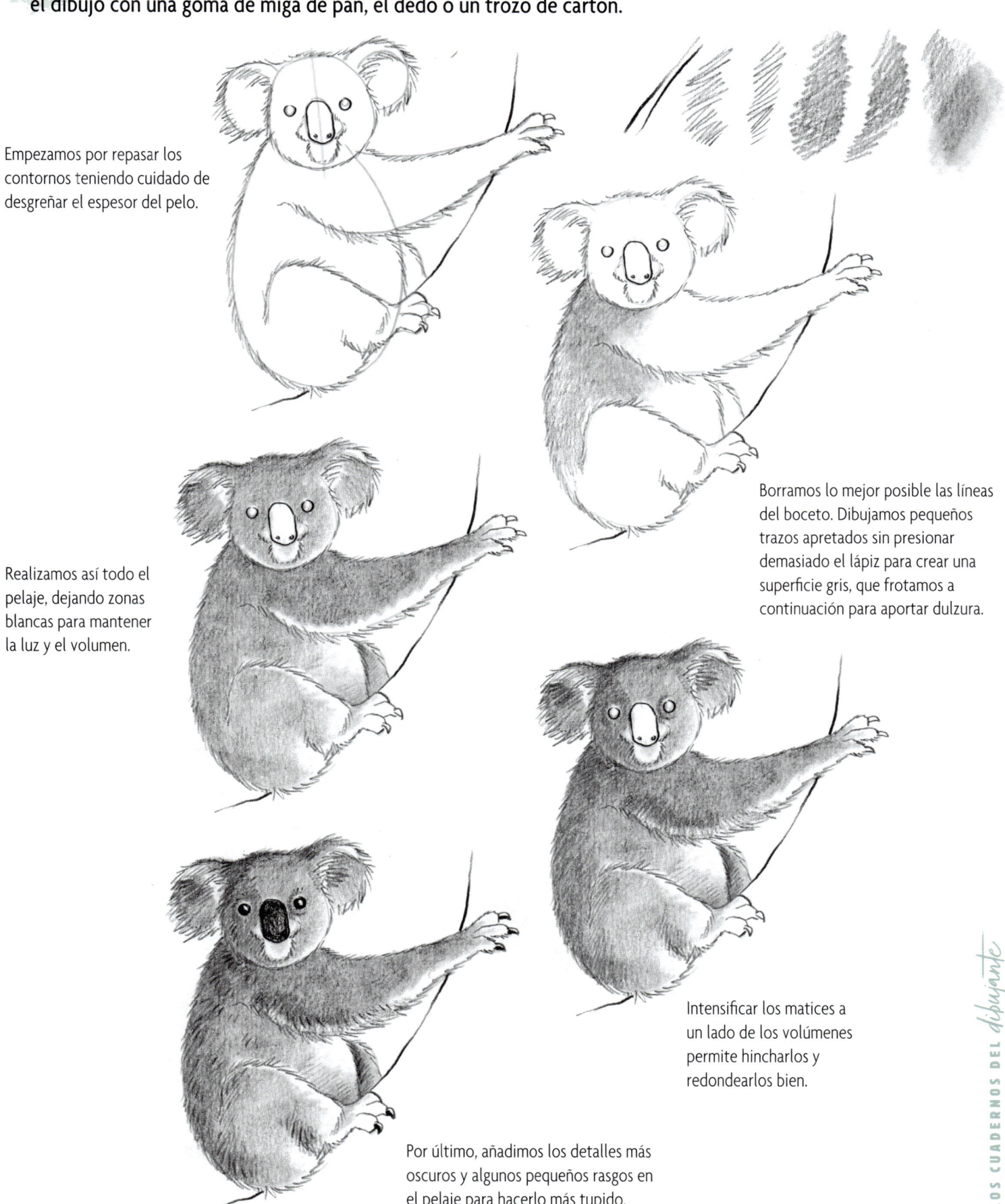

Empezamos por repasar los contornos teniendo cuidado de desgreñar el espesor del pelo.

Borramos lo mejor posible las líneas del boceto. Dibujamos pequeños trazos apretados sin presionar demasiado el lápiz para crear una superficie gris, que frotamos a continuación para aportar dulzura.

Realizamos así todo el pelaje, dejando zonas blancas para mantener la luz y el volumen.

Intensificar los matices a un lado de los volúmenes permite hincharlos y redondearlos bien.

Por último, añadimos los detalles más oscuros y algunos pequeños rasgos en el pelaje para hacerlo más tupido.

# LOS FELINOS

El felino es un animal muy flexible. Su cuerpo puede encogerse en una bola o lanzarse y estirarse. Este parece un saco terminado en un pequeño círculo para la cabeza. Cuanto más grande sea el animal, más potencia y grosor tendrán sus volúmenes. Son los detalles o los dibujos del pelaje los que le harán identificable.

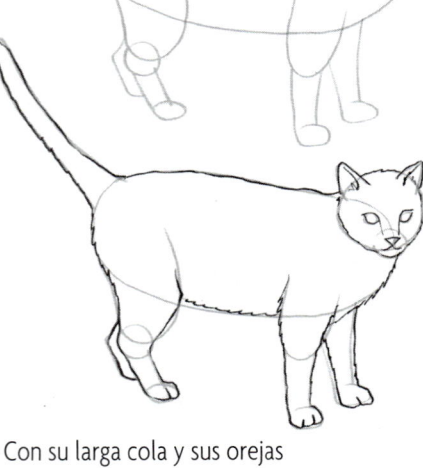

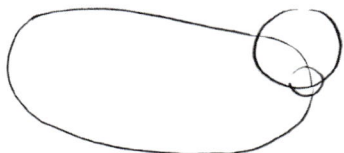

El gato tiene una pequeña cabeza redonda, unida a un extremo largo del cuerpo.

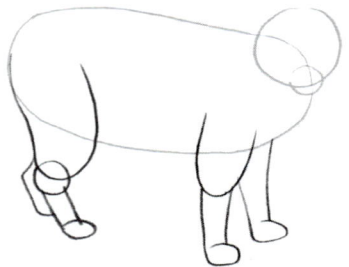

Sus patas traseras tienen la particularidad de articularse a la altura de las «rodillas» y de plegarse hacia atrás, al contrario que las piernas humanas.

Con su larga cola y sus orejas triangulares, ya no queda duda.

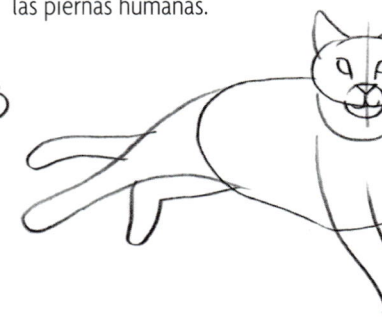

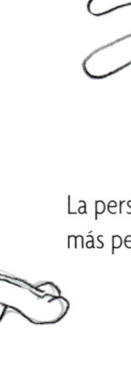

Al saltar se estiran los volúmenes del gato. Se puede añadir un círculo para el muslo trasero, que se hace más visible.

La perspectiva cambia la forma de los volúmenes. La parte baja de la espalda puede parecer entonces más pequeña que la delantera. Para construir la cabeza, podemos ayudarnos de líneas rectas.

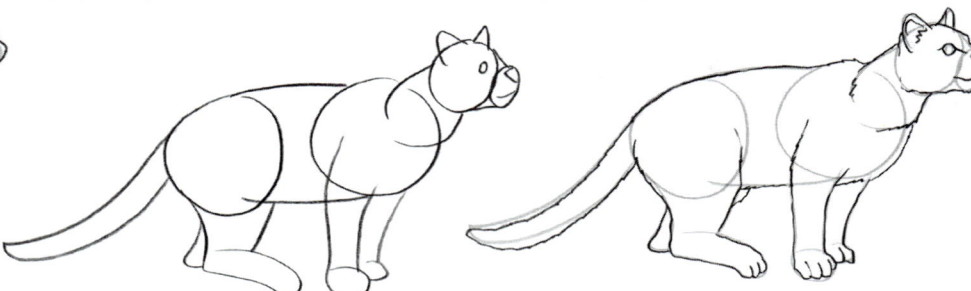

Los volúmenes, la cola y las patas del gato salvaje son más gruesos. El hocico es un poco más alargado.

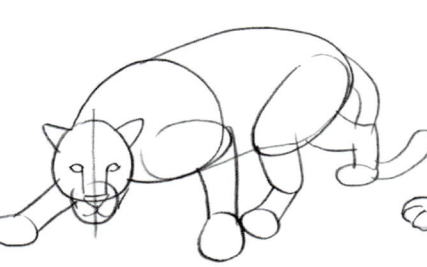

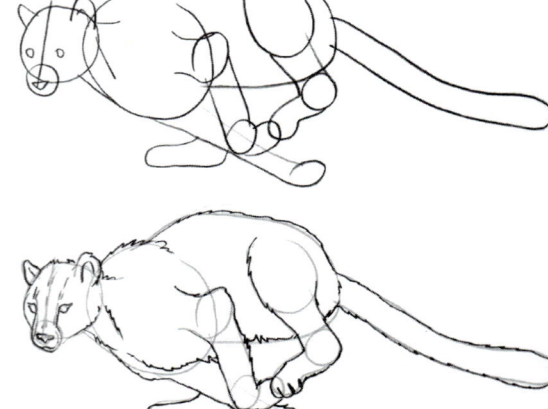

El puma es muy musculoso y vigoroso. Su hocico y sus patas son todavía más voluminosos. La postura puede hacerle muy reconocible

El guepardo es conocido por su rapidez. Es más estilizado que los otros grandes felinos. Hay que estudiar bien el desplazamiento de sus patas.

# TERMINAR EL DIBUJO A MINA DE GRAFITO

La mina de grafito aporta dulzura al dibujo. Sin apretar demasiado, se pueden realizar zonas grises y homogéneas. Por el contrario, hay que presionar mucho para obtener trazos oscuros.

Podemos, terminar el dibujo con un bosquejo realizado a lápiz de grafito HB. Solo hay que borrar un poco las líneas del boceto en el centro.

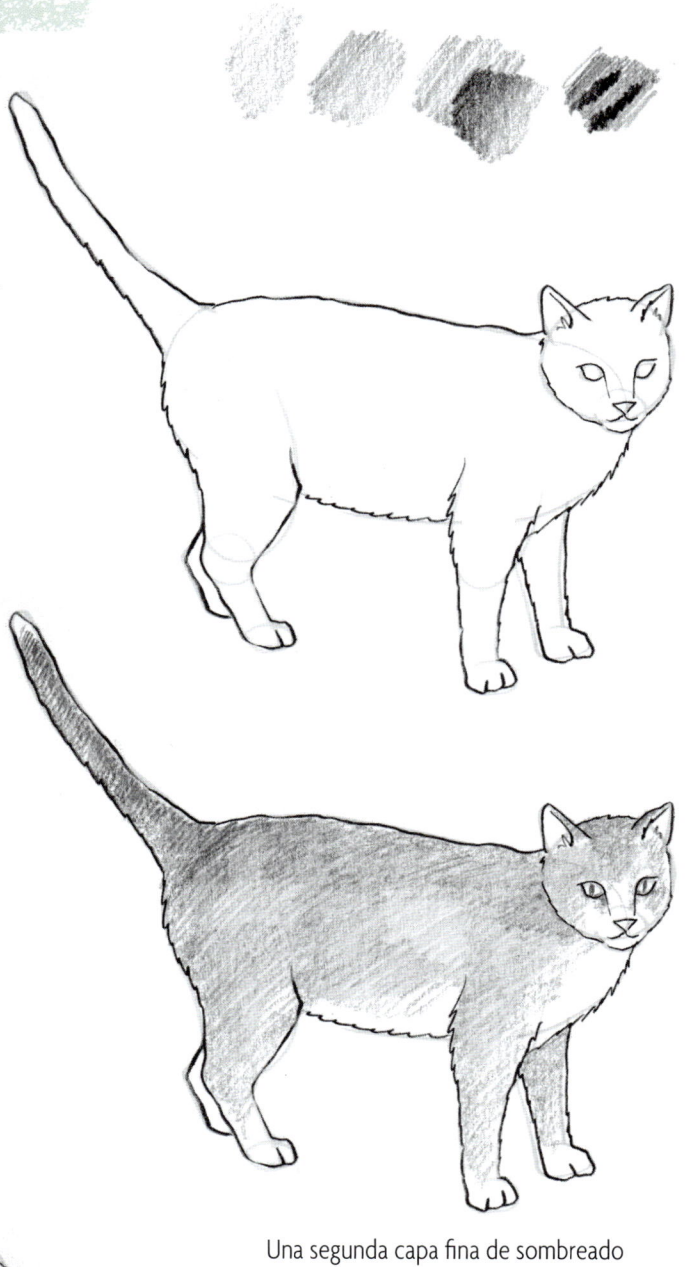

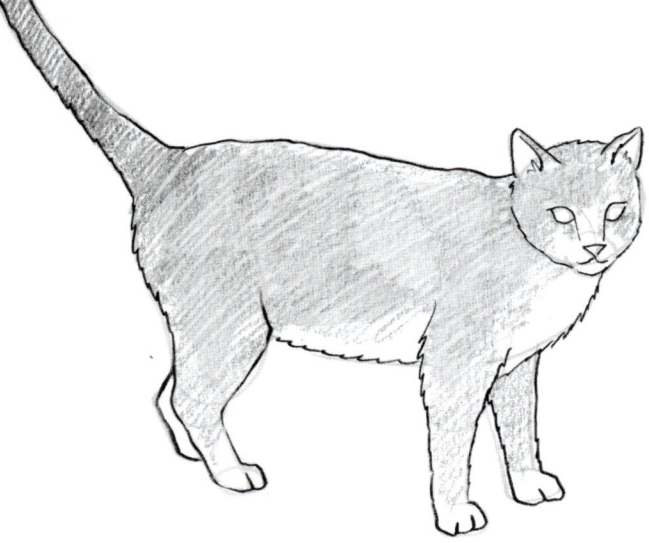

Después dibujamos algunas pequeñas líneas apretadas sin presionar demasiado el lápiz. Hay que tener cuidado de dejar zonas blancas para aportar luz, pero también porque, a veces, un gato tiene zonas de pelaje más claras.

Una segunda capa fina de sombreado en una parte del pelaje aportará intensidad.

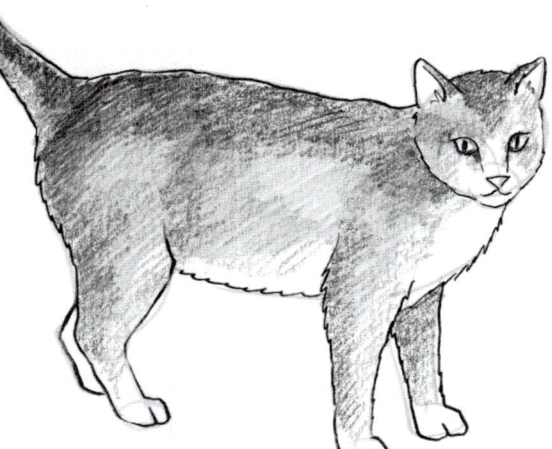

Continuamos apretando más con el lápiz, especialmente para que aparezcan los detalles.

Para terminar, añadimos los motivos del pelaje presionando con firmeza el lápiz.

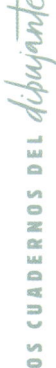

# LOS PERRITOS

Los perros, por lo general, tienen el volumen principal del cuerpo invertido con relación al del gato. Sus hombros son más anchos que la parte baja de la espalda, el cuello es más visible y las patas bastante finas y cortas. Estos son los detalles y las proporciones entre los distintos volúmenes de su cuerpo que identificarán su raza.

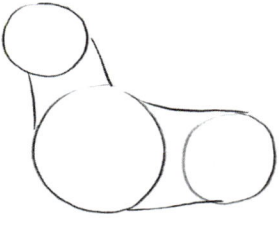 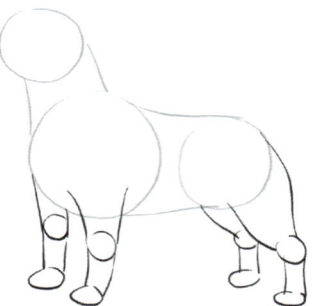 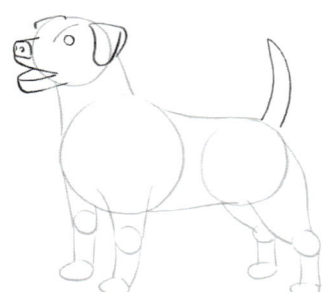 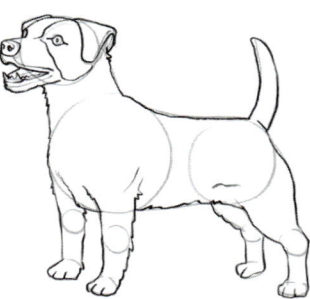

En los perros de pelo corto, como el Jack Russel, la proporción entre las distintas partes del cuerpo es muy visible. Cada parte de este perro, al ser algo musculoso, se puede separar por rectas y curvas.

Su hocico es bastante prominente, sus orejas caen y su cola es puntiaguda.

Al dibujar los contornos, se marcan los detalles que le harán reconocible.

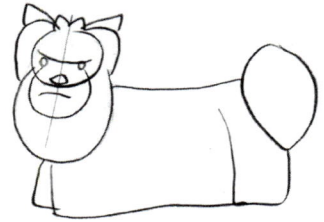 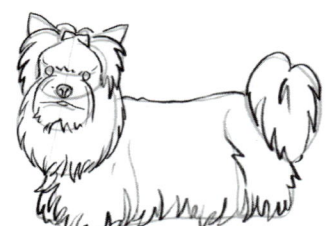 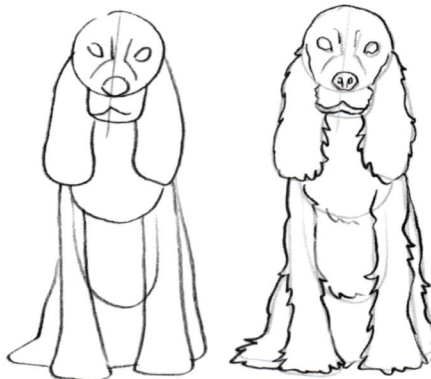

Cuando el pelaje esconde los volúmenes del cuerpo, es mejor concentrarse en las formas generales más que en construir bien las proporciones básicas.

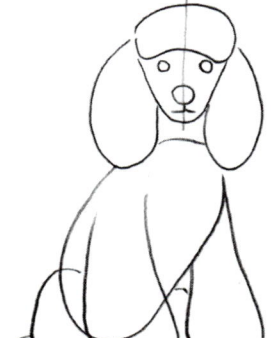 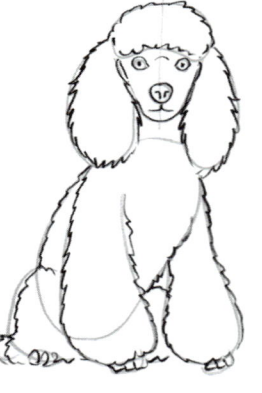 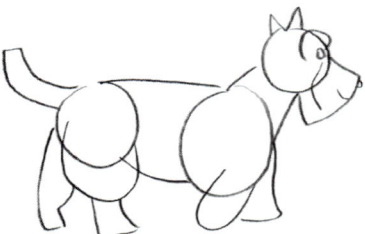 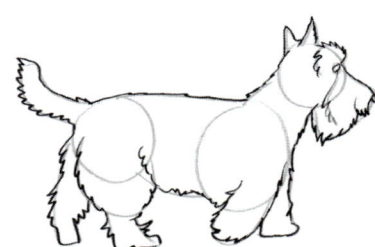

La particularidad de numerosos pliegues en la piel es lo que en ocasiones habrá que destacar.

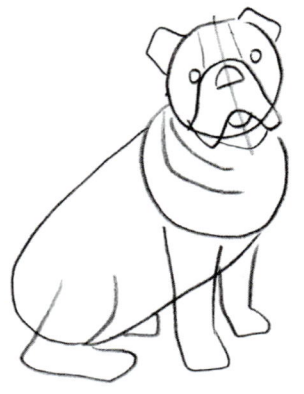 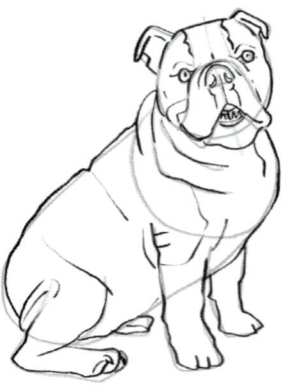

La postura o el pelaje pueden esconder ciertas partes del cuerpo.

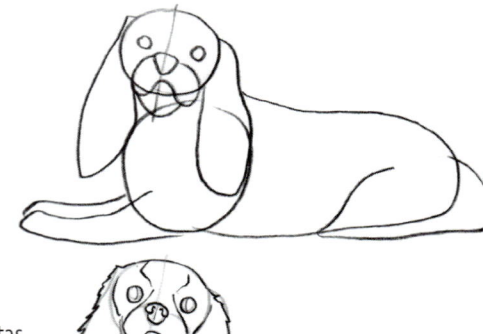 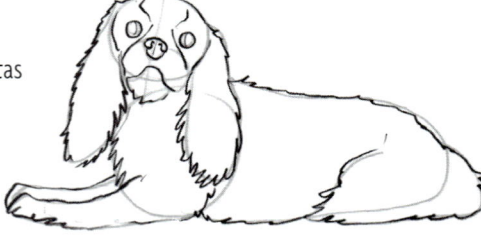

# TERMINAR EL DIBUJO A ROTULADOR Y A LÁPIZ

En un mismo dibujo se pueden utilizar herramientas muy diferentes, como el rotulador y el lápiz. Uno permitirá hacer un trazo intenso y negro, y el otro matices grises y sombreados ligeros.

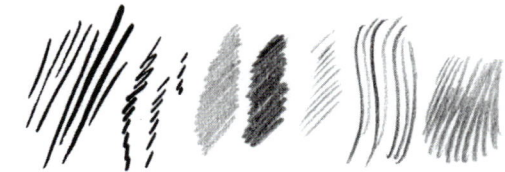

El rotulador se utiliza sobre todo para los contornos; permite tapar bien las líneas del boceto.

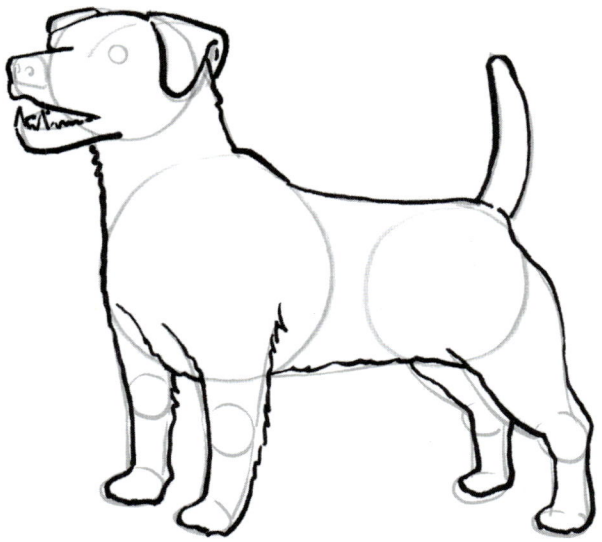

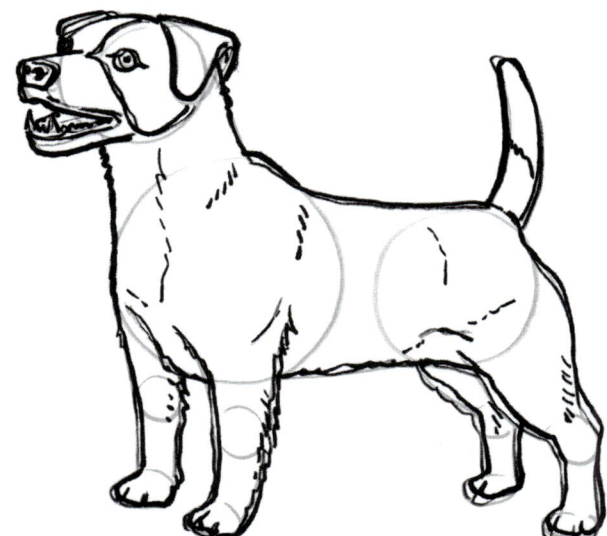

Con el lápiz se van añadiendo progresivamente pequeños sombreados para crear los matices.

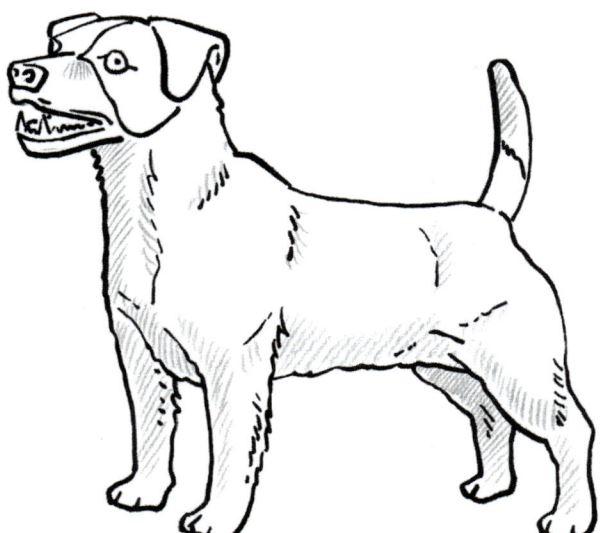

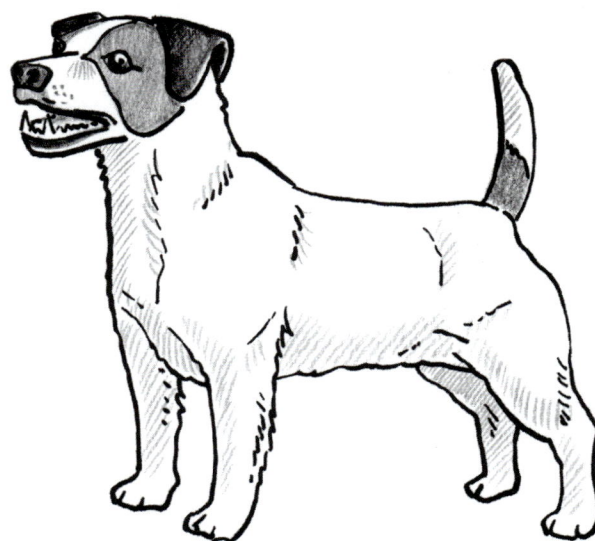

Apretando más el lápiz se pueden ensombrecer zonas para crear los motivos del pelaje.

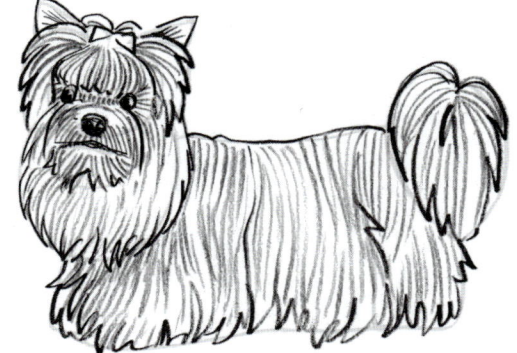

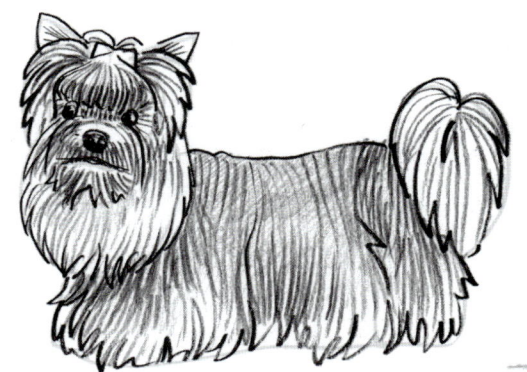

Las líneas a lápiz pueden seguir los movimientos del pelo largo y modelar así el pelaje.

# CIERVOS Y COMPAÑÍA

El ciervo pertenece a una familia de animales de tamaño medio, con patas largas y finas y cascos puntiagudos. Su cabeza es bastante pequeña y curva, su cuello más o menos largo y su hocico un poco alargado.

La parte trasera del cuerpo es algo más estrecha que la delantera. El conjunto parece grande con relación a la cabeza.

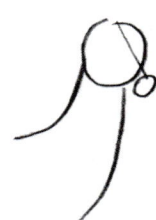

Cuando dibujamos un animal algo grande, es mejor empezar por la cabeza, que indicará la actitud y la proporción. Añadimos un largo cuello estiloso y utilizamos una línea de orientación para el hocico.

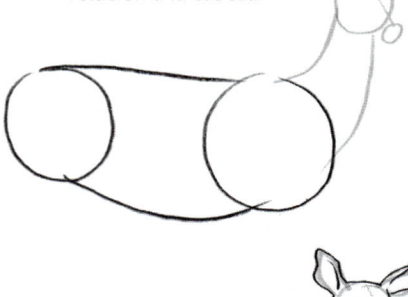

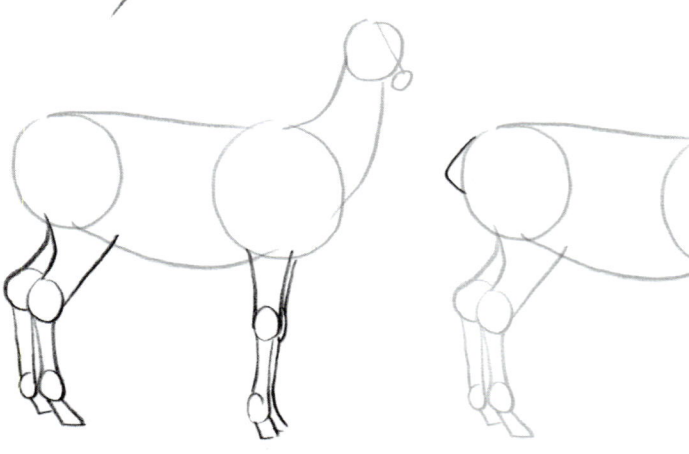

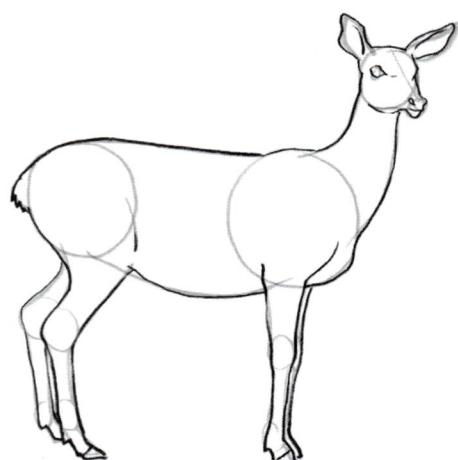

Las patas son muy finas y las articulaciones están bien marcadas. El resto del cuerpo parece pesado en comparación con su esbeltez.

La cierva tiene grandes orejas.

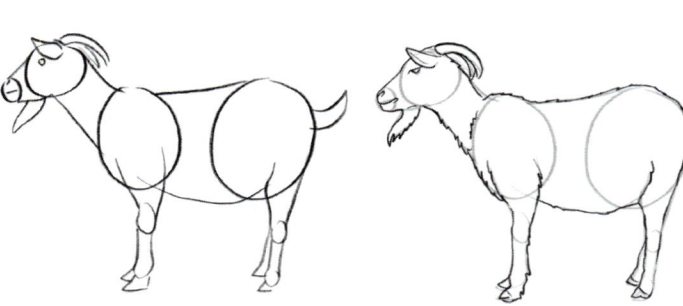

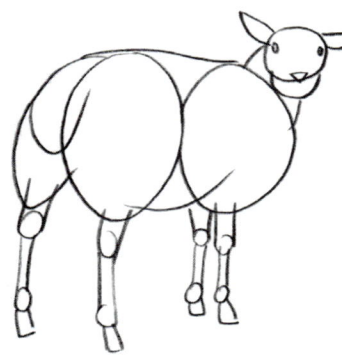

La cabra tiene la parte trasera del cuerpo más voluminosa, las patas algo más cortas que una cierva, barbas de chivo y cuernos.

El pelaje del cordero esconde los detalles de su cuerpo. Nos concentramos, por tanto, en los volúmenes de este pelaje.

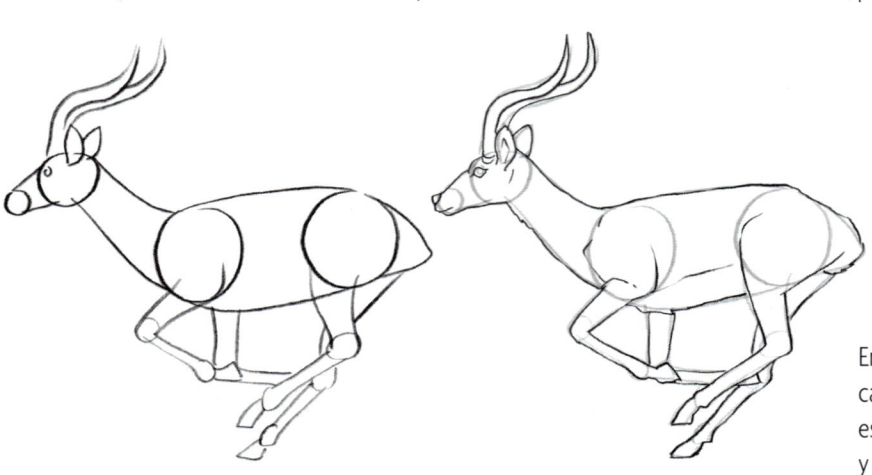

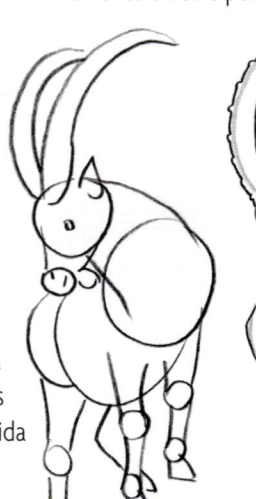

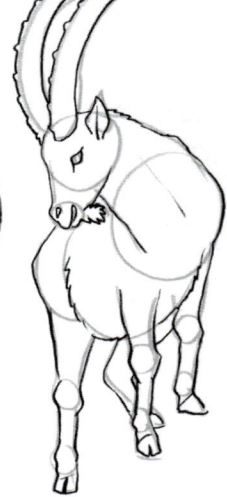

En cambio, la cabra montés es más recogida y musculosa.

La gacela es todavía más encantadora y esbelta que la cierva, además de delgada y ágil.

# TERMINAR EL DIBUJO A LÁPIZ NEGRO

Existe una gran variedad de lápices de dibujo, aparte de los lápices de grafito de distintas intensidades y los lápices de colores. Los tenemos también más o menos grasos, negros o secos. El lápiz negro tiene una mina más seca que el lápiz de color, y, por tanto, su trazo es más fino.

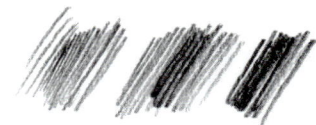

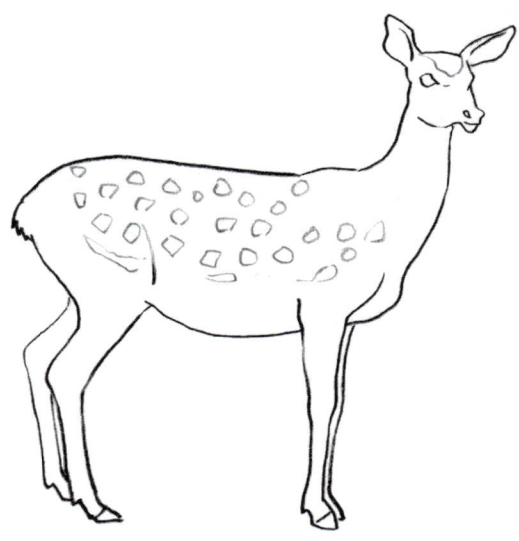

Una vez dibujado el contorno de nuestro animal, borramos lo mejor posible las líneas del boceto para situar los motivos de su pelaje.

Con sombreados finos, se sitúan las zonas oscuras para crear volumen.

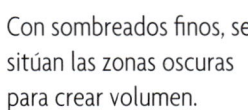

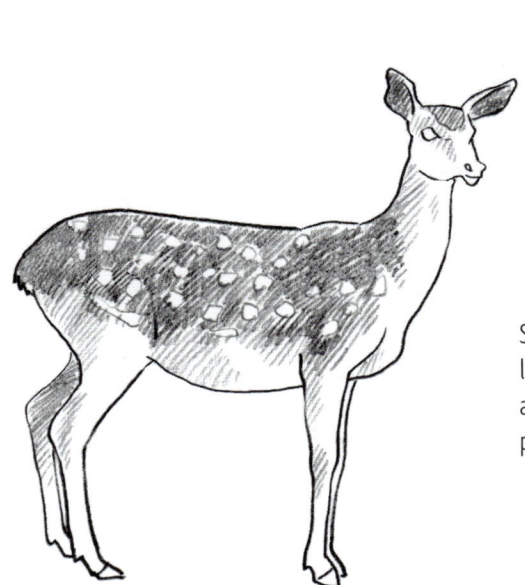

Se ensombrecen progresivamente las zonas más oscuras del pelaje añadiendo nuevas capas y preservando las zonas más claras.

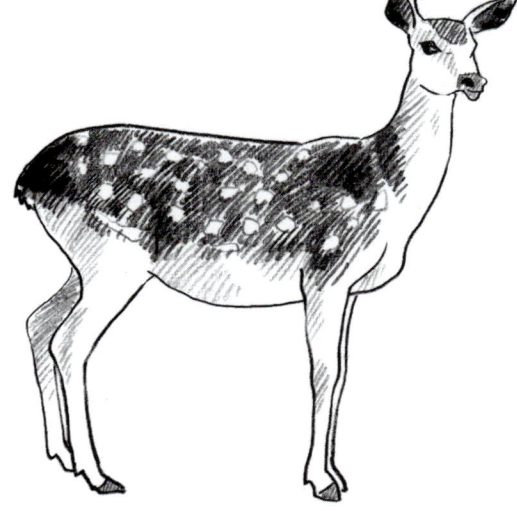

Finalizamos con los detalles.

# LOS EQUINOS

En la familia de los equinos, no todos los animales son tan grandes y esbeltos como el caballo; pero todos ellos tienen en común la proporción entre el volumen del cuerpo y la delgadez de las patas, tan difíciles de representar.

El asno tiene una cabeza bastante grande con relación al resto de su cuerpo. Su cuello es más corto que el del caballo.

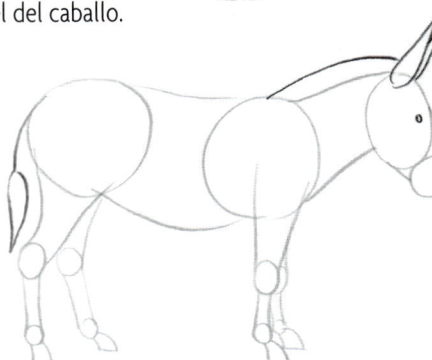

La parte trasera del cuerpo es del mismo tamaño que la delantera. Sin embargo, el vientre es bastante redondeado.

Las patas son delicadas. Marcar bien las articulaciones con pequeños círculos ayuda a la exactitud.

Las orejas son muy grandes y la cola tiene forma de pincel.

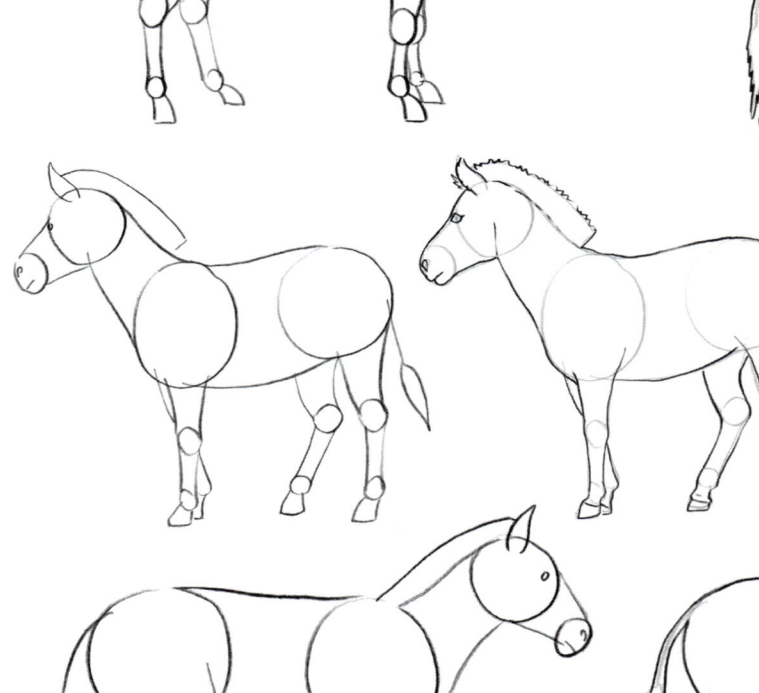

La cebra se distingue por su crin y la terminación de su hocico. Por supuesto, los dibujos de su pelo serán útiles...

Los últimos detalles ayudarán a que el asno sea más reconocible.

Como con todos los equinos, cuando dibujamos una cebra que corre hay que observar atentamente la orientación de las patas, que no van simplemente hacia delante o hacia atrás.

Cuando vemos al animal en perspectiva, la proporción entre los volúmenes cambia. Lo que está más lejos a nuestra vista parece más pequeño que lo que se encuentra en un primer plano.

# TERMINAR EL DIBUJO A CARBONCILLO

El carboncillo es negro y polvoriento. Sacándole punta pueden hacerse líneas finas. A continuación, se puede difuminar frotando el dibujo con el dedo o un trozo de cartón. Cuidado, el carboncillo genera mucho polvo superfluo que habrá que retirar soplando sobre el dibujo.

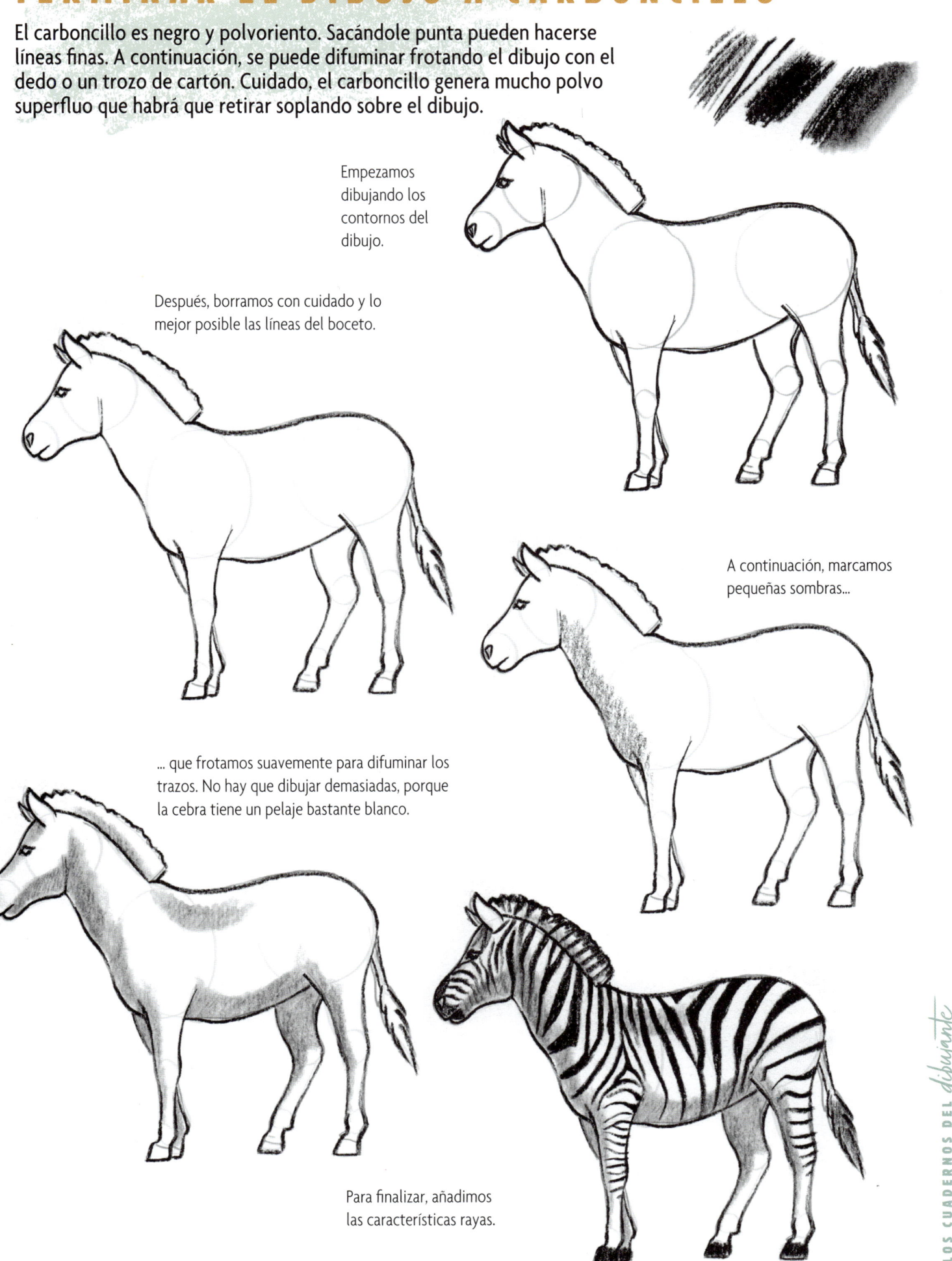

Empezamos dibujando los contornos del dibujo.

Después, borramos con cuidado y lo mejor posible las líneas del boceto.

A continuación, marcamos pequeñas sombras...

... que frotamos suavemente para difuminar los trazos. No hay que dibujar demasiadas, porque la cebra tiene un pelaje bastante blanco.

Para finalizar, añadimos las características rayas.

# LLAMA Y COMPAÑÍA

La llama forma parte de un grupo morfológico de animales que se yerguen sobre largas y finas patas, pero con un grueso cuerpo con formas muy particulares, fácilmente identificables. Estos animales tienen en común una pequeña cabeza, dignamente erguida al final de un largo cuello muy curvo, y un hocico fino, pero largo y achatado en su extremo.

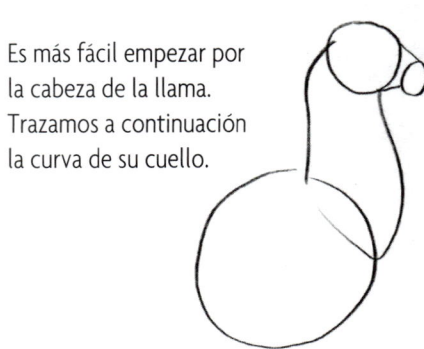

Es más fácil empezar por la cabeza de la llama. Trazamos a continuación la curva de su cuello.

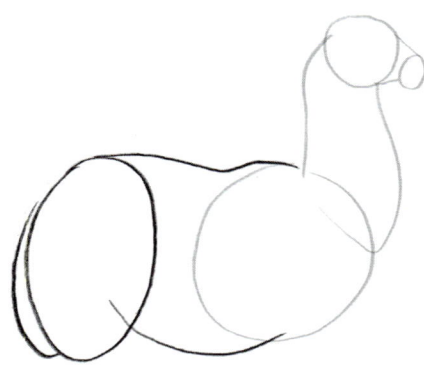

La llama tiene un pelaje espeso, lo que proporciona volumen a las distintas partes de la espalda y el vientre.

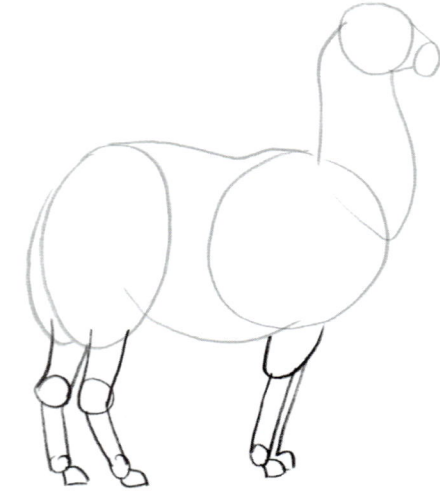

Las patas son finas, pero en parte recubiertas de piel.

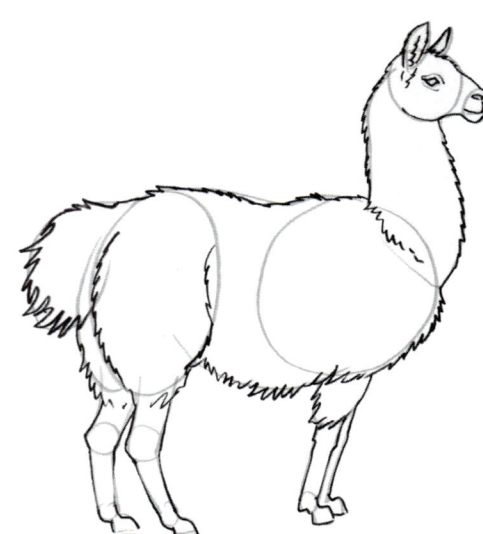

Realizamos los detalles: una cola tupida, grandes orejas y un hocico muy detallado.

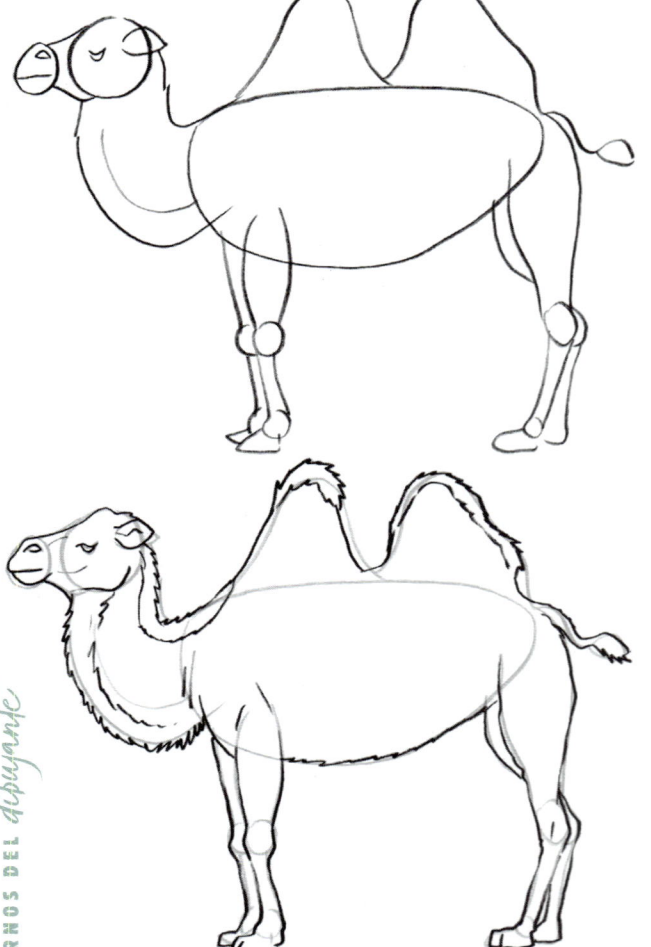

El camello es más grande y estirado, pero tiene mucho menos pelaje, lo que hace que los volúmenes de su cuerpo sean visibles. Tiene dos jorobas. El extremo de su hocico es todavía más grueso.

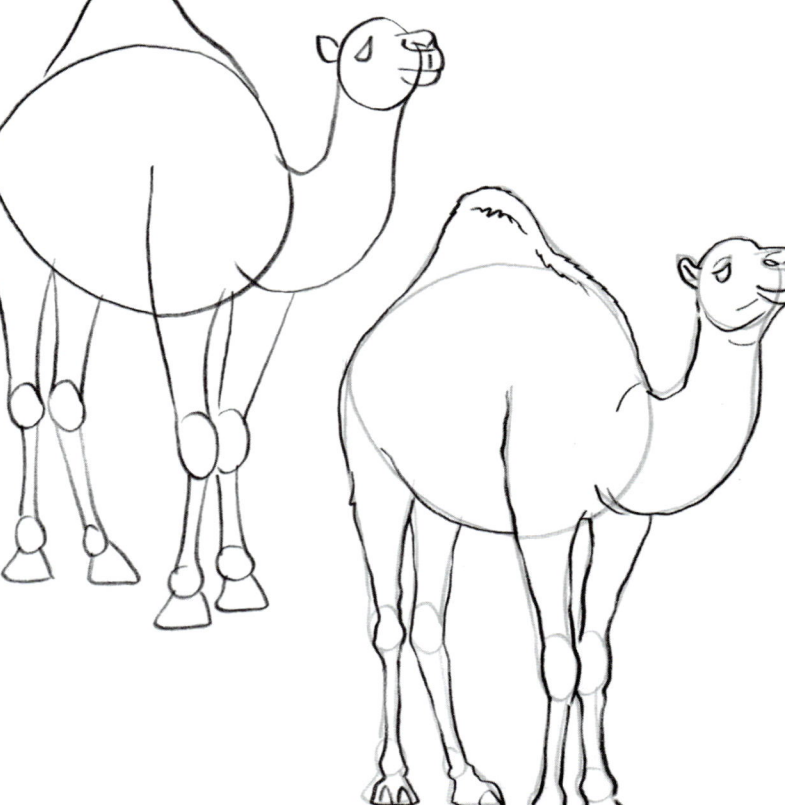

Como el camello, el dromedario parece verdaderamente erguido sobre patas desproporcionadas con relación al gran volumen de su cuerpo. De frente, su hocico grueso es muy visible. Solo tiene una joroba.

# TERMINAR EL DIBUJO A LÁPIZ DE PUNTA FINA

El lápiz de punta fina, como por ejemplo el portaminas Critérium, no está diseñado para cubrir grandes superficies de sombra, pero permite dibujar detalles delicados gracias a su trazo bastante seco y puntiagudo.

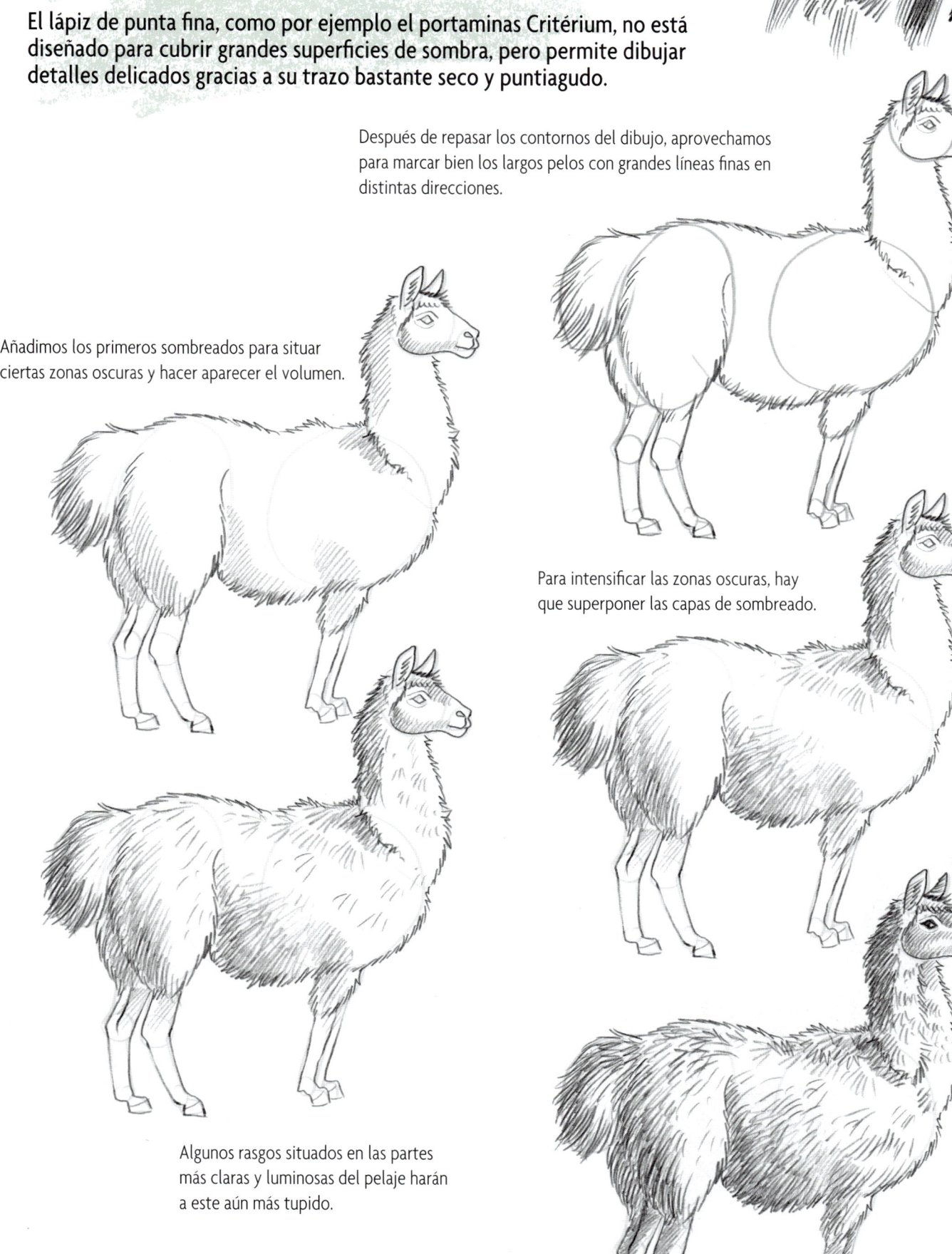

Después de repasar los contornos del dibujo, aprovechamos para marcar bien los largos pelos con grandes líneas finas en distintas direcciones.

Añadimos los primeros sombreados para situar ciertas zonas oscuras y hacer aparecer el volumen.

Para intensificar las zonas oscuras, hay que superponer las capas de sombreado.

Algunos rasgos situados en las partes más claras y luminosas del pelaje harán a este aún más tupido.

Finalmente, oscurecemos más los detalles y algunas sombras.

# LOS BÓVIDOS

Algunos animales, como la vaca, son bastante macizos y de patas cortas. El volumen principal de su cuerpo es muy anguloso y podría parecer un rectángulo dependiendo del punto de observación. La cabeza es bastante grande y el morro más o menos grueso.

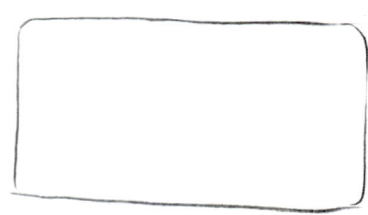

Para dibujar una vaca, comenzamos simplemente por un gran rectángulo.

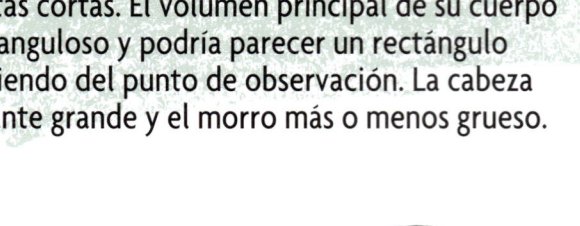

En una esquina superior, añadimos el cuello y la cabeza.

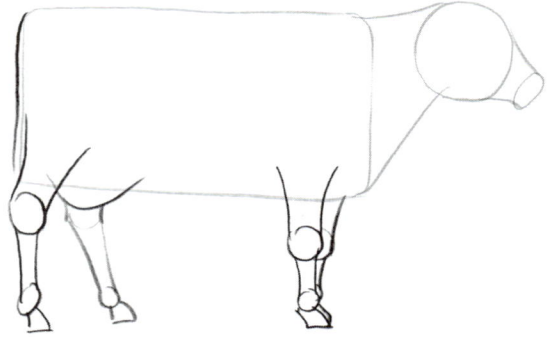

Las patas son bastante finas y más cortas que las del asno o el caballo.

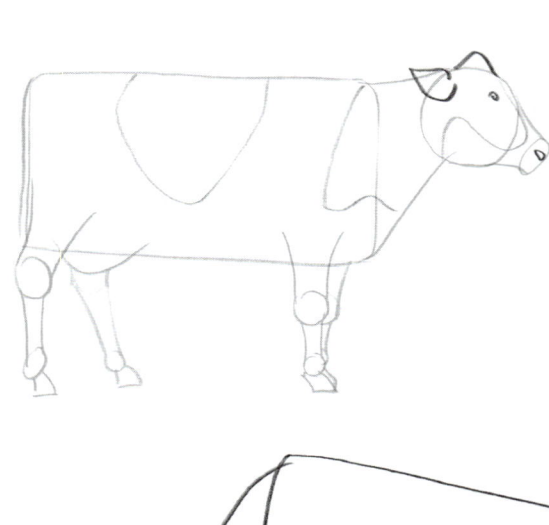

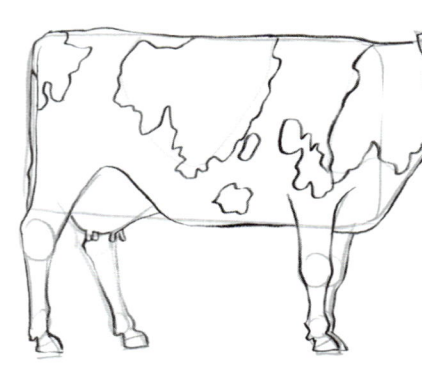

Finalmente, dibujamos los detalles de la cabeza y las formas de las manchas, si las tiene.

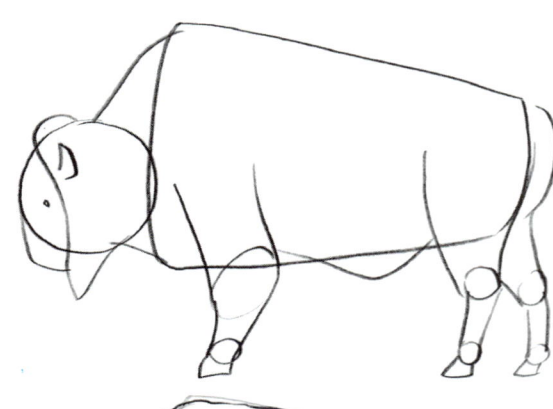

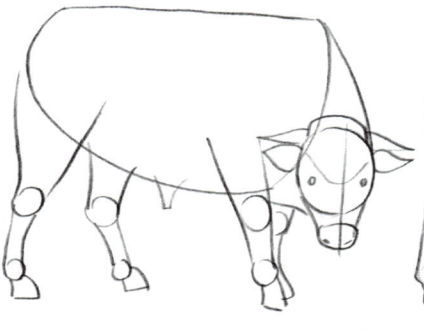

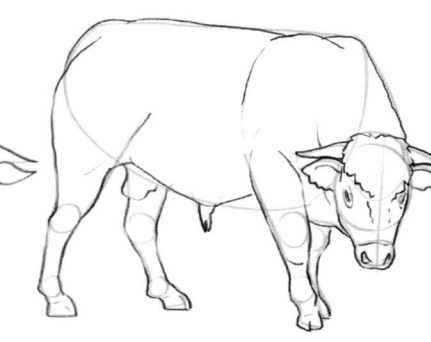

El toro, evidentemente, es mucho más musculoso que la vaca, por lo que sus formas se redondean.

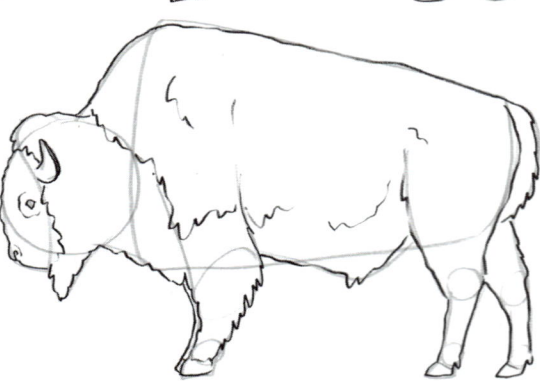

El bisonte tiene la parte delantera del cuerpo mucho más desarrollada que la trasera. Su cuello parece más corto, puesto que está cubierto de piel. Su cabeza es aplastada.

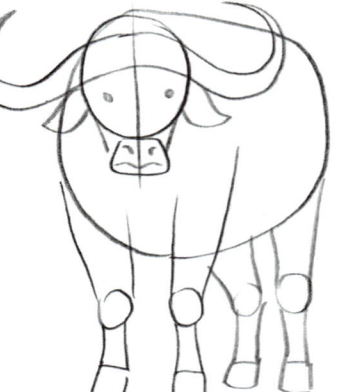

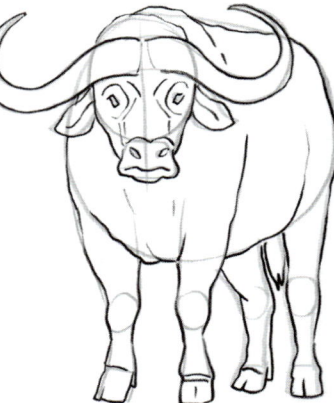

El búfalo tiene un hocico ancho y grandes cuernos.

# TERMINAR EL DIBUJO A ROTULADOR DE PUNTA GRUESA BISELADA

Este instrumento permite obtener bonitos trazos negros e intensos cuando se presiona encima y trazos más finos si no se presiona demasiado. El grosor del trazo depende también de la orientación de la punta.

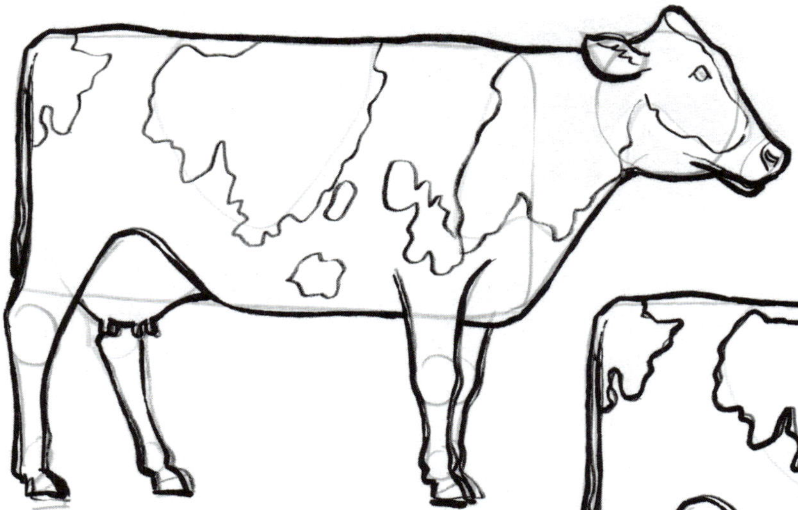

Empezamos por repasar la vaca con la parte fina del rotulador y sin presionar demasiado.

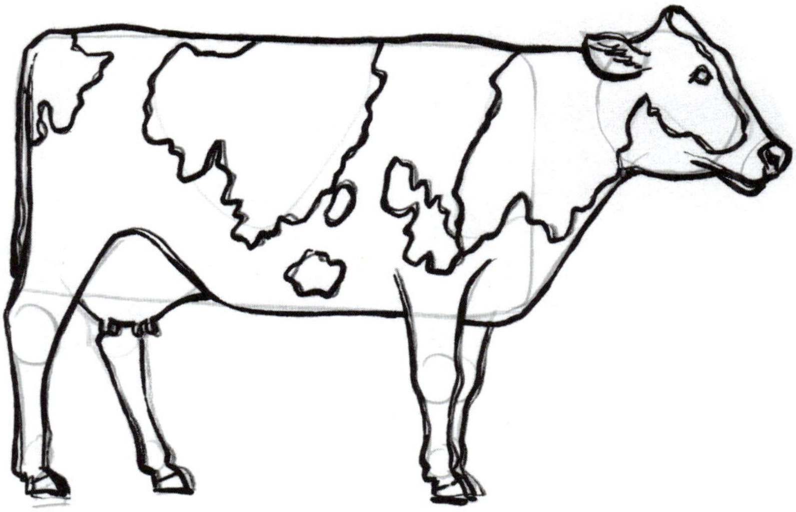

Añadimos los detalles y, después, borramos las líneas del boceto hecho a lápiz.

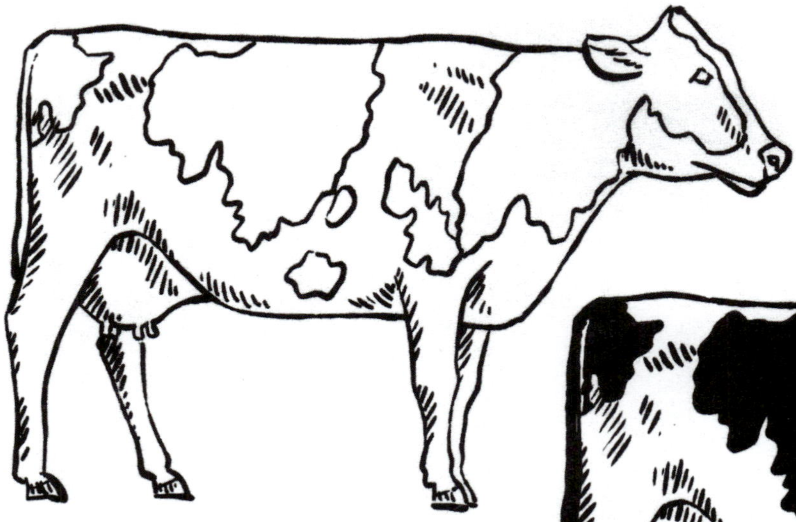

Damos volumen con trazos finos, sin presionar demasiado.

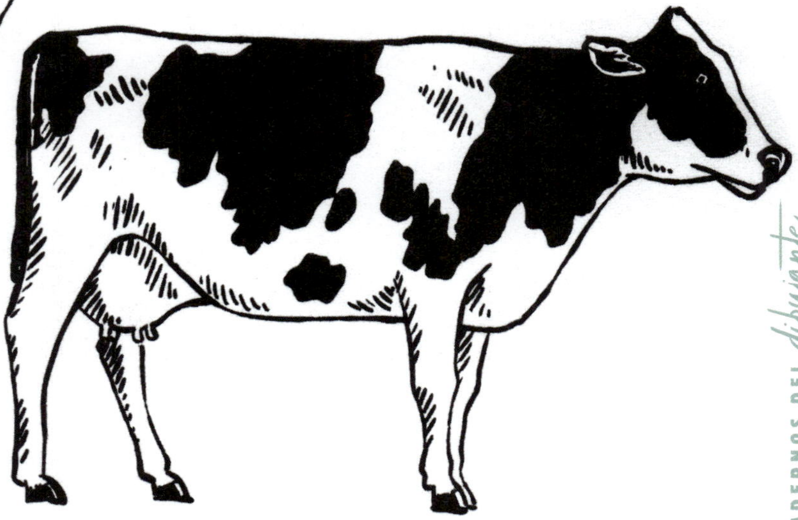

Finalmente, rellenamos las manchas negras.

# LOS PÁJAROS

El volumen principal del cuerpo de la mayoría de los pájaros pequeños y medianos puede tener la forma de una gota inclinada. La parte más ancha se encuentra junto al cuello y la más puntiaguda, empieza en la cola. Los detalles que les diferenciarán se distribuyen por todo su alrededor.

Para dibujar una paloma, comenzamos sencillamente por una larga gota inclinada.

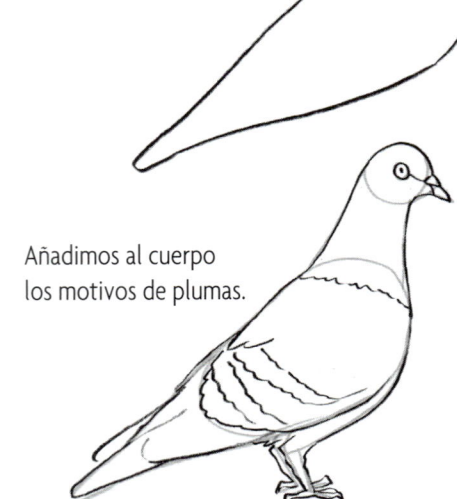

Continuamos por el cuello y la cabeza redonda. Podemos comenzar el volumen del pico.

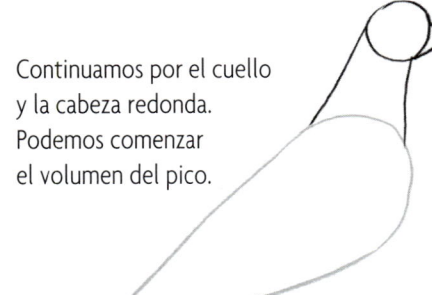

Las patas son cortas y el pico, puntiagudo.

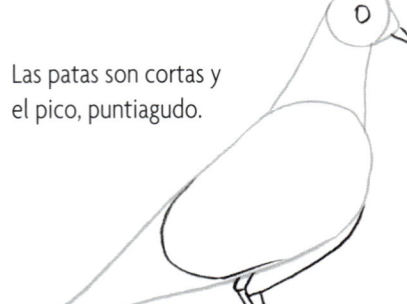

Añadimos al cuerpo los motivos de plumas.

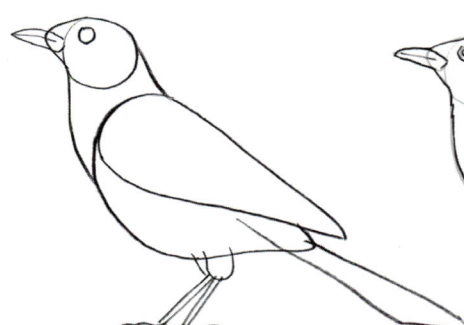

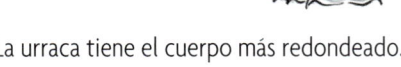

La urraca tiene el cuerpo más redondeado.

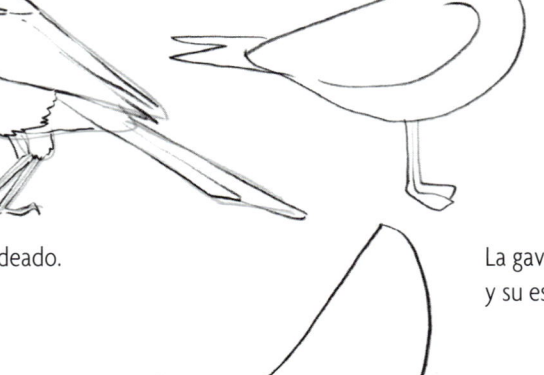

La gaviota es algo más alta erguida sobre sus patas y su espalda es más perpendicular a estas.

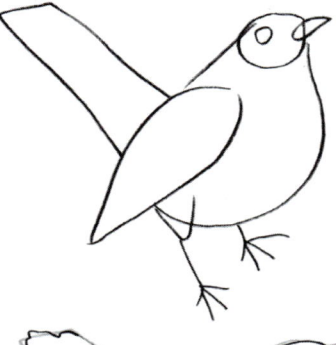

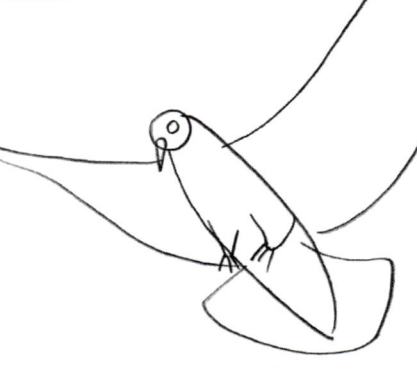

En vuelo, las alas desplegadas de la paloma, en forma de triángulos, muestran cada pluma. La cola se despliega igualmente.

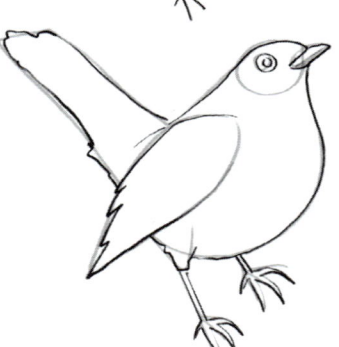

El mirlo es más recogido y redondeado. Su cola es muy móvil.

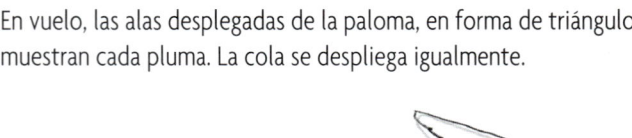

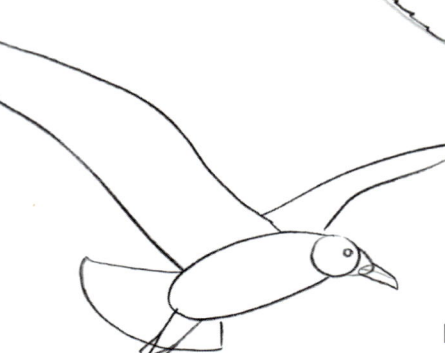

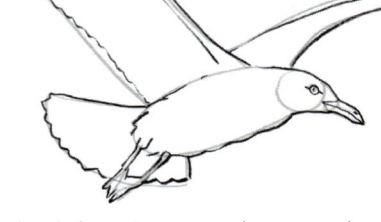

Las alas de la gaviota en vuelo son mucho más grandes. Su pico es largo y ancho.

# TERMINAR EL DIBUJO CON LÁPICES DIFERENTES

Para obtener distintas intensidades de grises y negros se pueden utilizar distintos lápices en un mismo dibujo, lo cual es preferible a tener que apretar más o menos sobre la mina de un único instrumento.

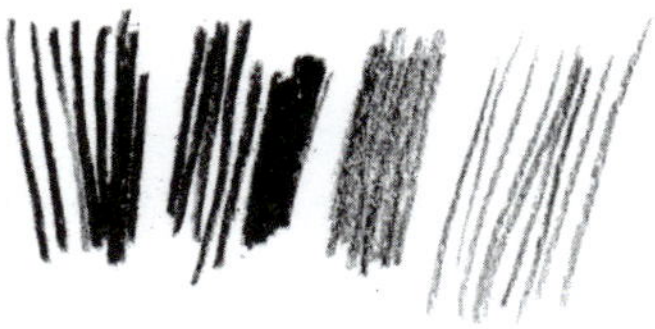

Utilizamos el lápiz más negro e intenso principalmente para los contornos del dibujo.

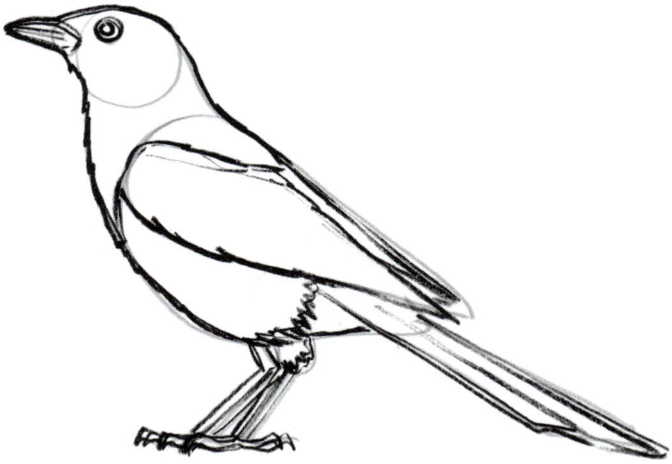

Tras borrar todo lo posible las líneas del boceto, podemos oscurecer directamente las partes del plumaje de la urraca.

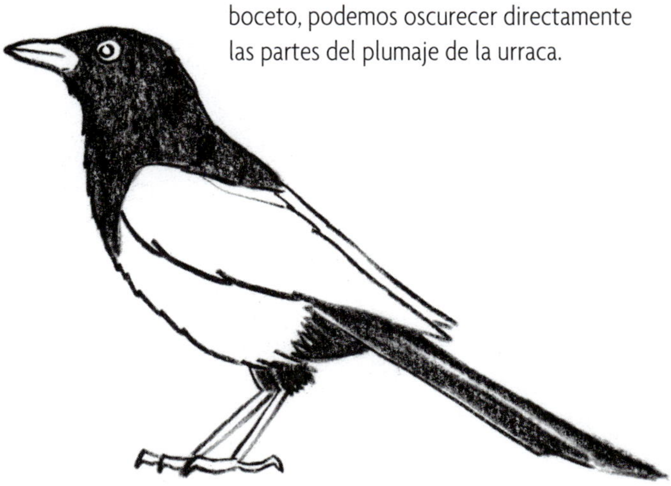

Añadimos las manchas oscuras en las plumas de las alas sin cubrirlas completamente para que permanezcan visibles.

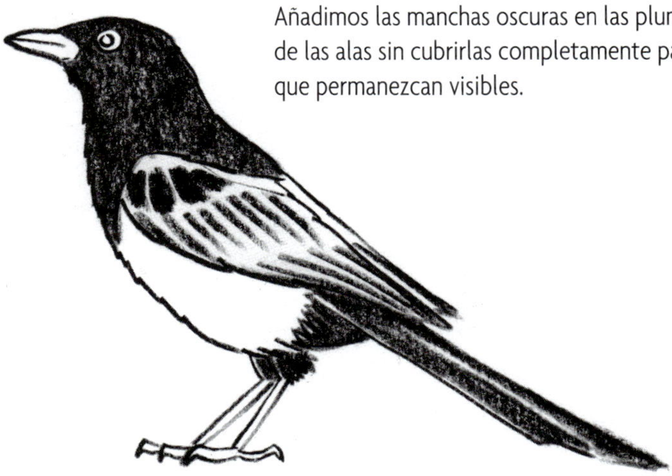

Intensificamos ciertas partes de las zonas oscuras.

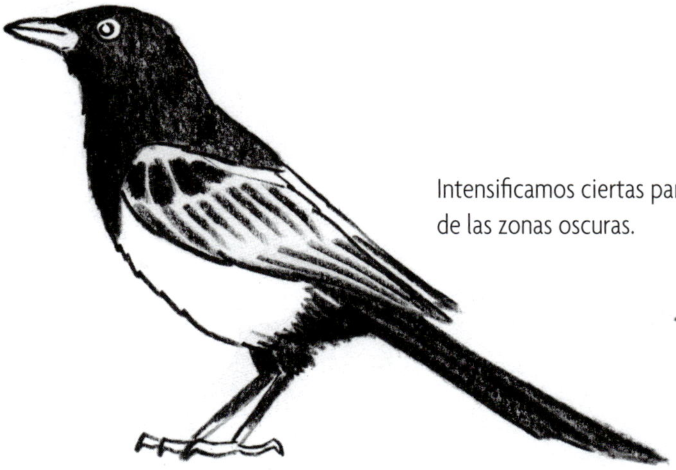

Con un lápiz menos graso, aportamos pequeños toques de sombra en el vientre y en las alas.

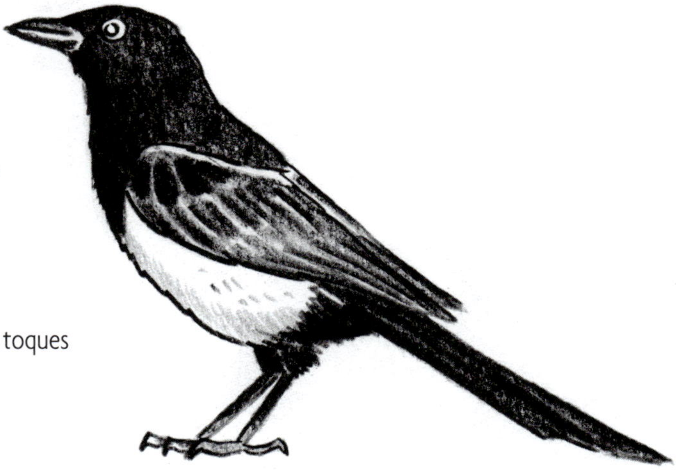

# LOS GRANDES PÁJAROS

En la familia de los grandes pájaros, los hay que se yerguen sobre largas y finas patas. Su cuello se estira más o menos y su pico se alarga.

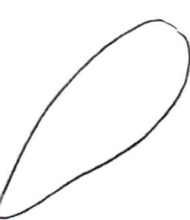

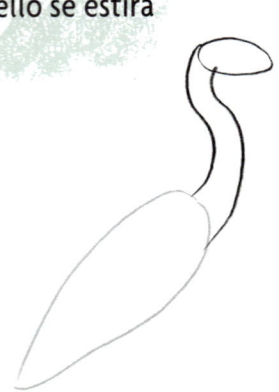

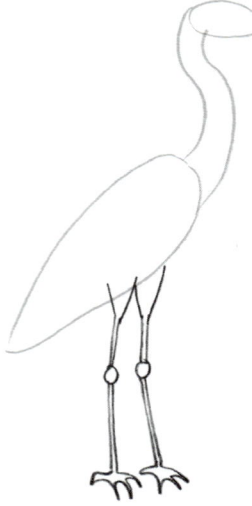

Como en el caso de los pájaros pequeños, comenzamos dibujando una forma ovalada inclinada, apuntando hacia abajo.

Añadimos un cuello largo en forma de ese y un pequeño óvalo para la cabeza.

Las patas son muy largas y finas; las articulaciones son redondeadas y están muy marcadas.

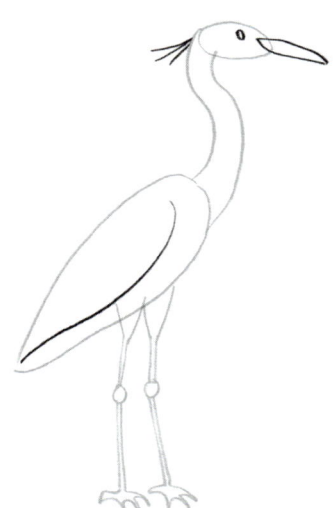

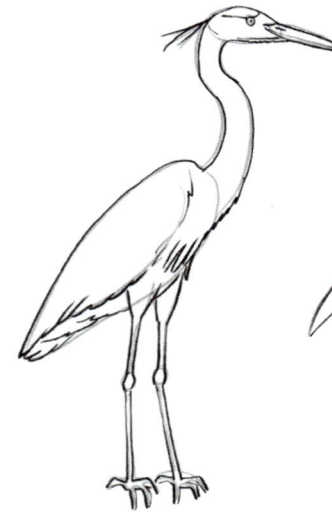

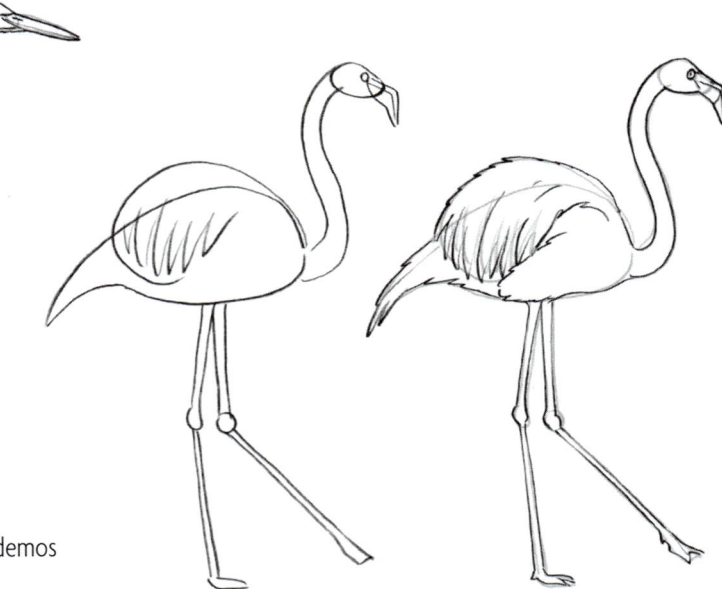

Terminamos con los detalles pequeños y especialmente con un pico fino.

Al dibujar los contornos, podemos añadir penachos de plumas.

El flamenco rosa tiene grandes alas redondeadas y un gran pico curvado.

La cigüeña tiene el cuello menos largo. En vuelo, las puntas de sus alas separan cada enorme pluma.

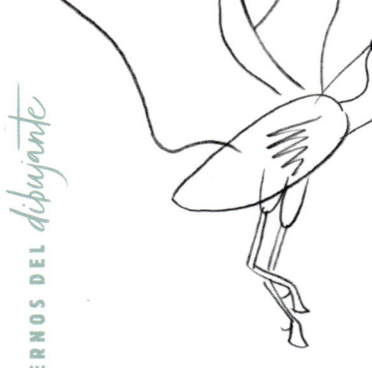

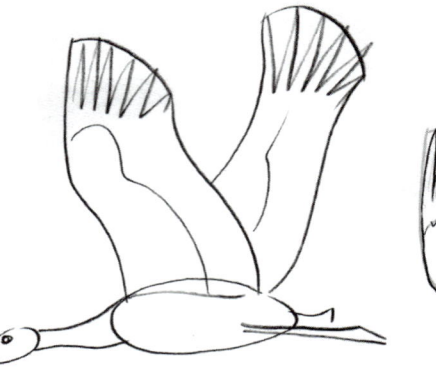

En vuelo, la garza despliega sus alas puntiagudas. Tiene un largo y delgado penacho detrás de la cabeza.

# TERMINAR EL DIBUJO A BOLÍGRAFO DE TINTA LÍQUIDA

La ventaja del bolígrafo de tinta líquida es que no es necesario sumergirlo constantemente en la tinta, con lo que se evitan las manchas. Sin embargo, según el tipo de bolígrafo, las líneas sólidas y las sueltas no están siempre tan marcadas.

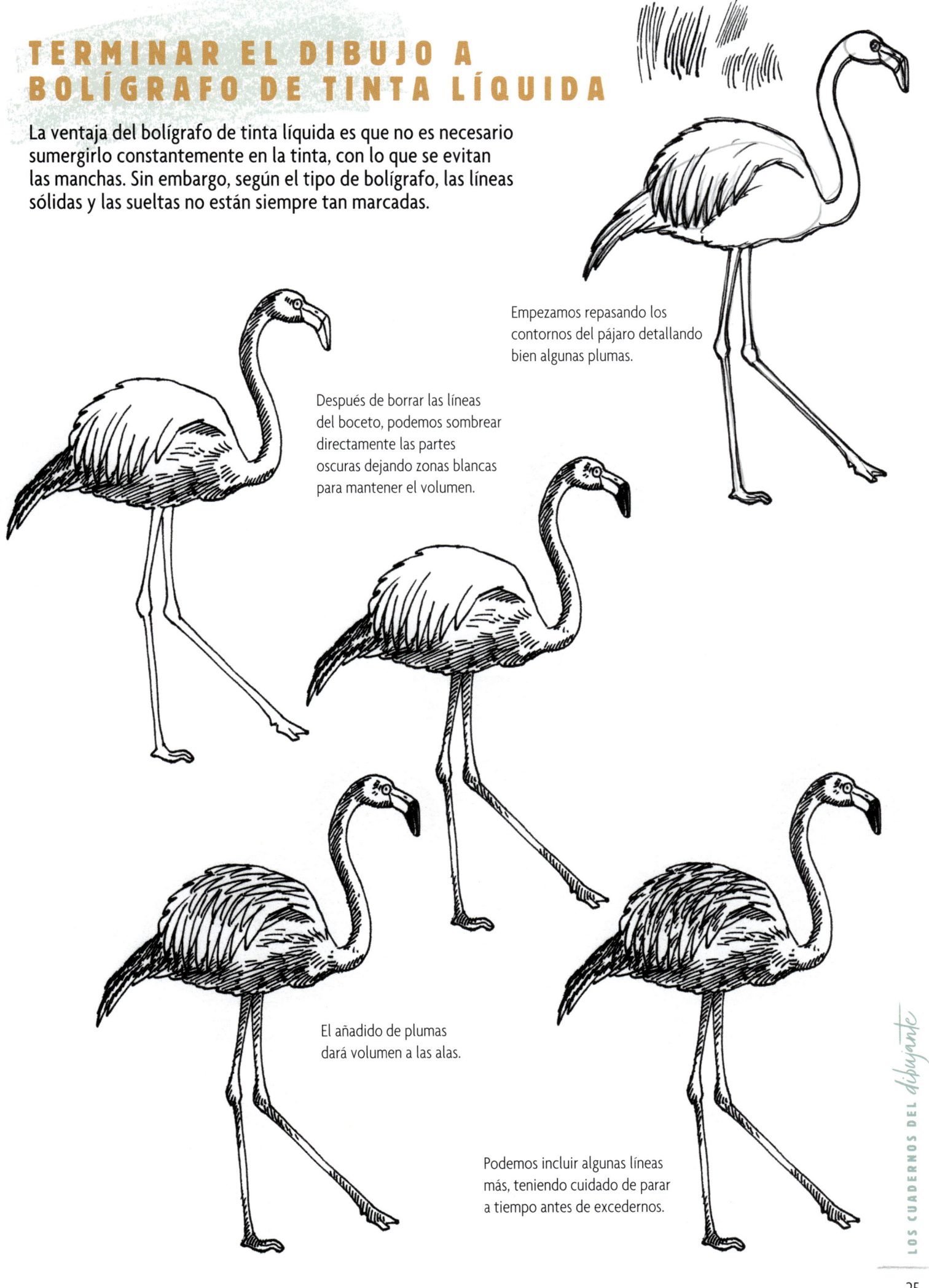

Empezamos repasando los contornos del pájaro detallando bien algunas plumas.

Después de borrar las líneas del boceto, podemos sombrear directamente las partes oscuras dejando zonas blancas para mantener el volumen.

El añadido de plumas dará volumen a las alas.

Podemos incluir algunas líneas más, teniendo cuidado de parar a tiempo antes de excedernos.

# LOS REPTILES

La mayor parte de los reptiles son alargados y de patas cortas, si es que las tienen. Su cuerpo está recubierto de una piel más o menos rugosa con motivos de formas muy variadas, que van desde las más simples hasta las más complicadas.

Para dibujar un cocodrilo, es mejor comenzar por el volumen y la orientación de su cuerpo. Podemos ayudarnos de una línea curva para esbozar la cola.

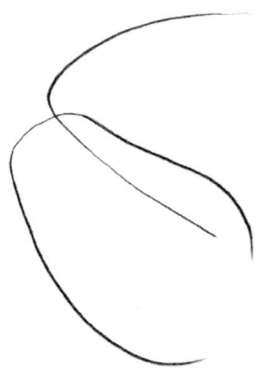

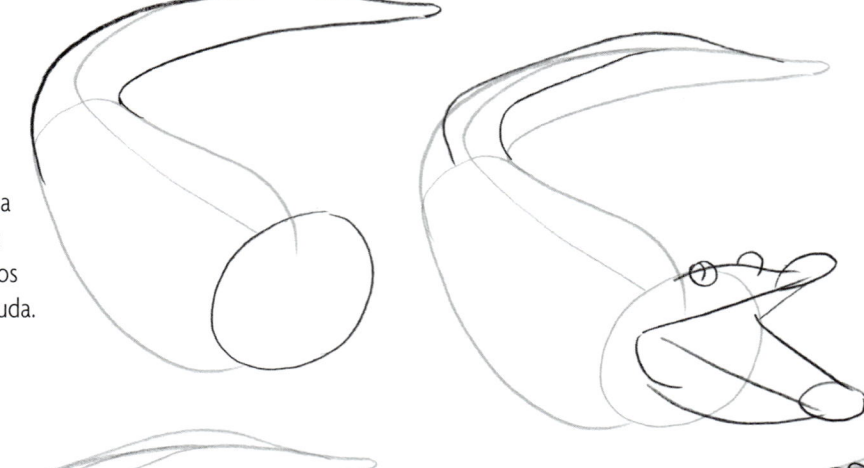

Al volumen inicial, añadimos una forma redondeada para la cabeza y terminamos por la cola puntiaguda.

La mandíbula se engancha a la cabeza. Según la orientación escogida, puede ser más o menos complicada de representar, especialmente si está abierta. Añadimos líneas a la cola para orientar los motivos de la piel.

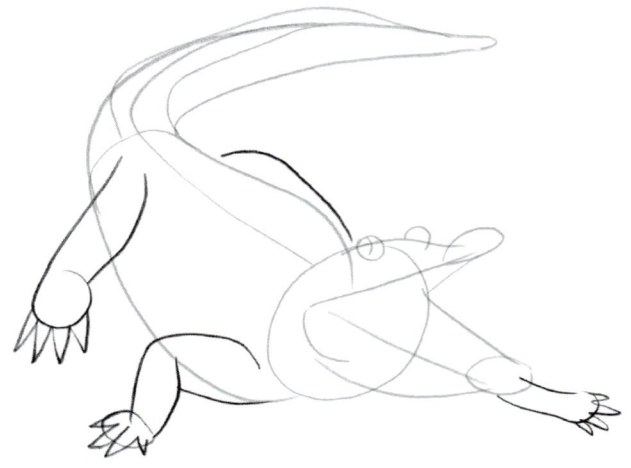

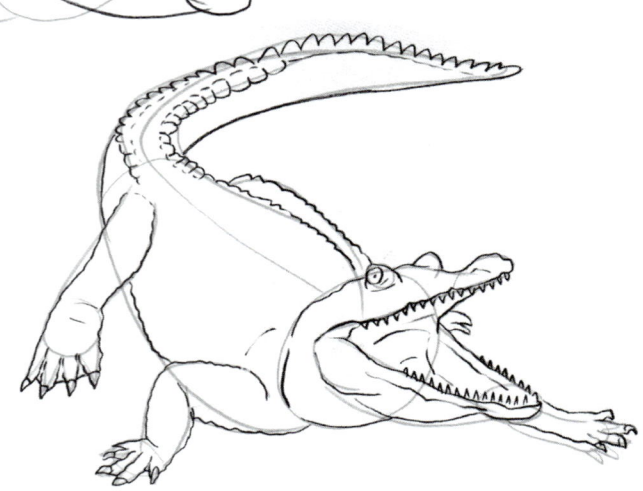

Las patas son anchas y cortas. No es necesario representar las articulaciones. Terminan en grandes garras.

Al dibujar los contornos, esbozamos las formas de las escamas y añadimos los dientes.

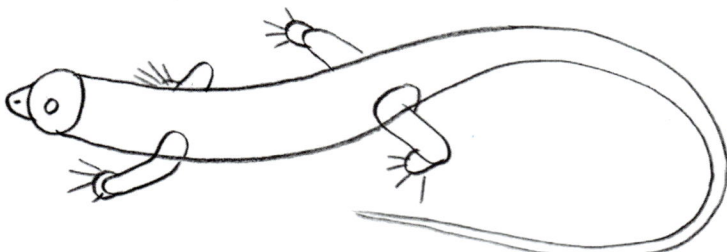

El lagarto es muy fino y alargado. Su mandíbula es mucho más corta.

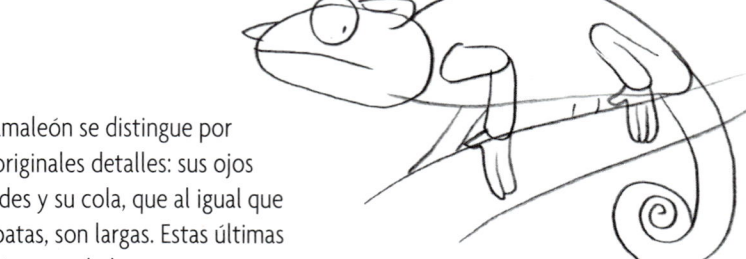

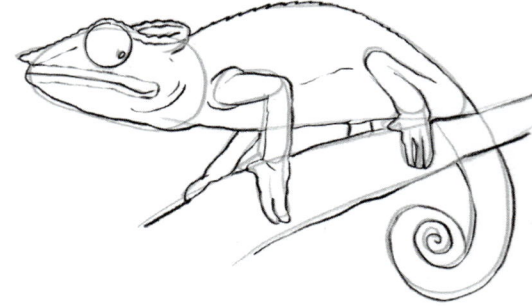

El camaleón se distingue por sus originales detalles: sus ojos grandes y su cola, que al igual que sus patas, son largas. Estas últimas terminan en dedos.

# TERMINAR EL DIBUJO A TINTA Y A PLUMA

La pluma es un instrumento rígido que araña el papel. Permite líneas más o menos finas y, sobre todo, compactas y sueltas. Cuidado de no apretar demasiado, porque la tinta podría correrse.

Empezamos repasando el cocodrilo con más o menos rigidez según su actitud; después, borramos las líneas del boceto

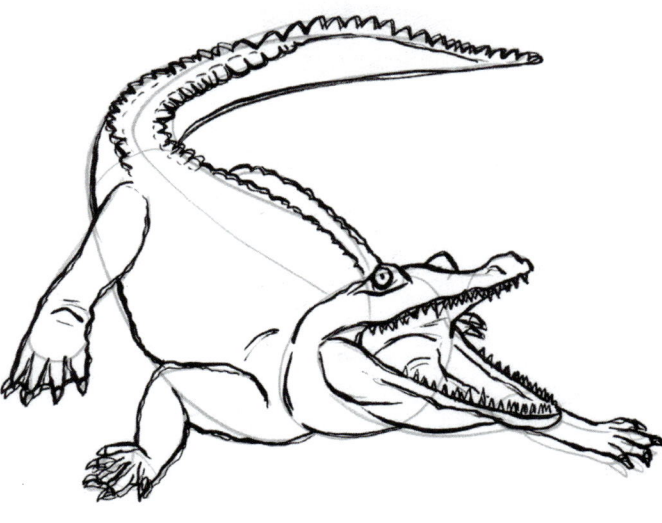

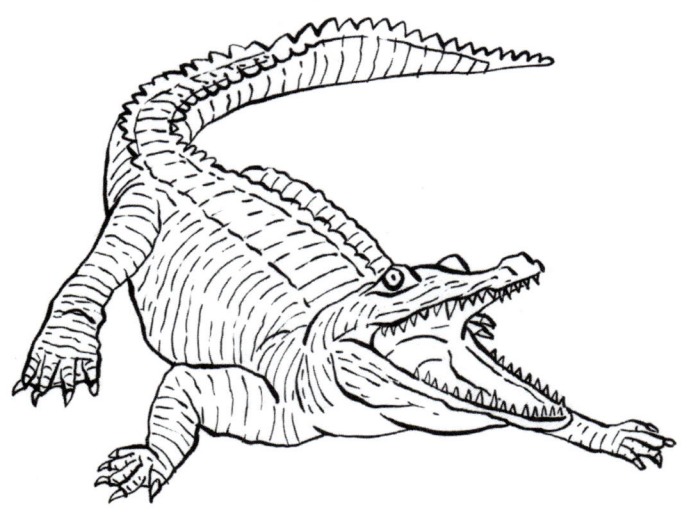

Añadimos las líneas para indicar la orientación de las escamas.

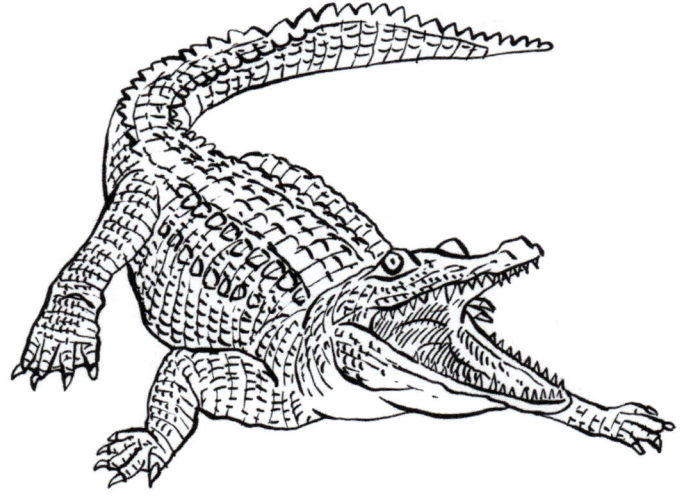

Dibujamos pequeños trazos o círculos entre las líneas, para crear los motivos de la piel rugosa.

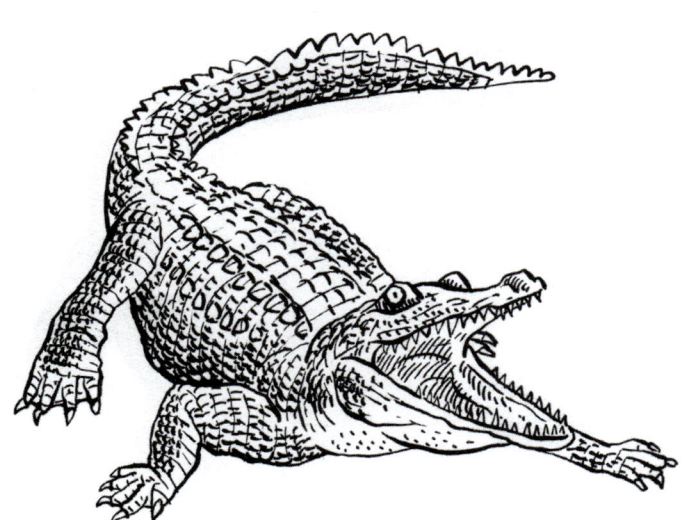

Con finos sombreados, dibujamos las partes oscuras para crear volumen. Rellenamos igualmente el interior de la mandíbula para darle profundidad.

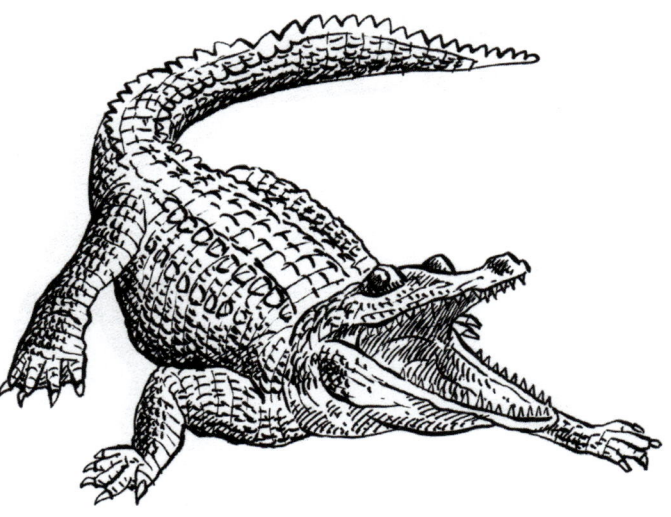

Terminamos acentuando las sombras de determinadas zonas.

# LOS DINOSAURIOS

Existe una gran variedad de dinosaurios. Por lo tanto, no se les puede clasificar en familias según su forma, puesto que todas las formas y proporciones, incluso las más improbables, existen.

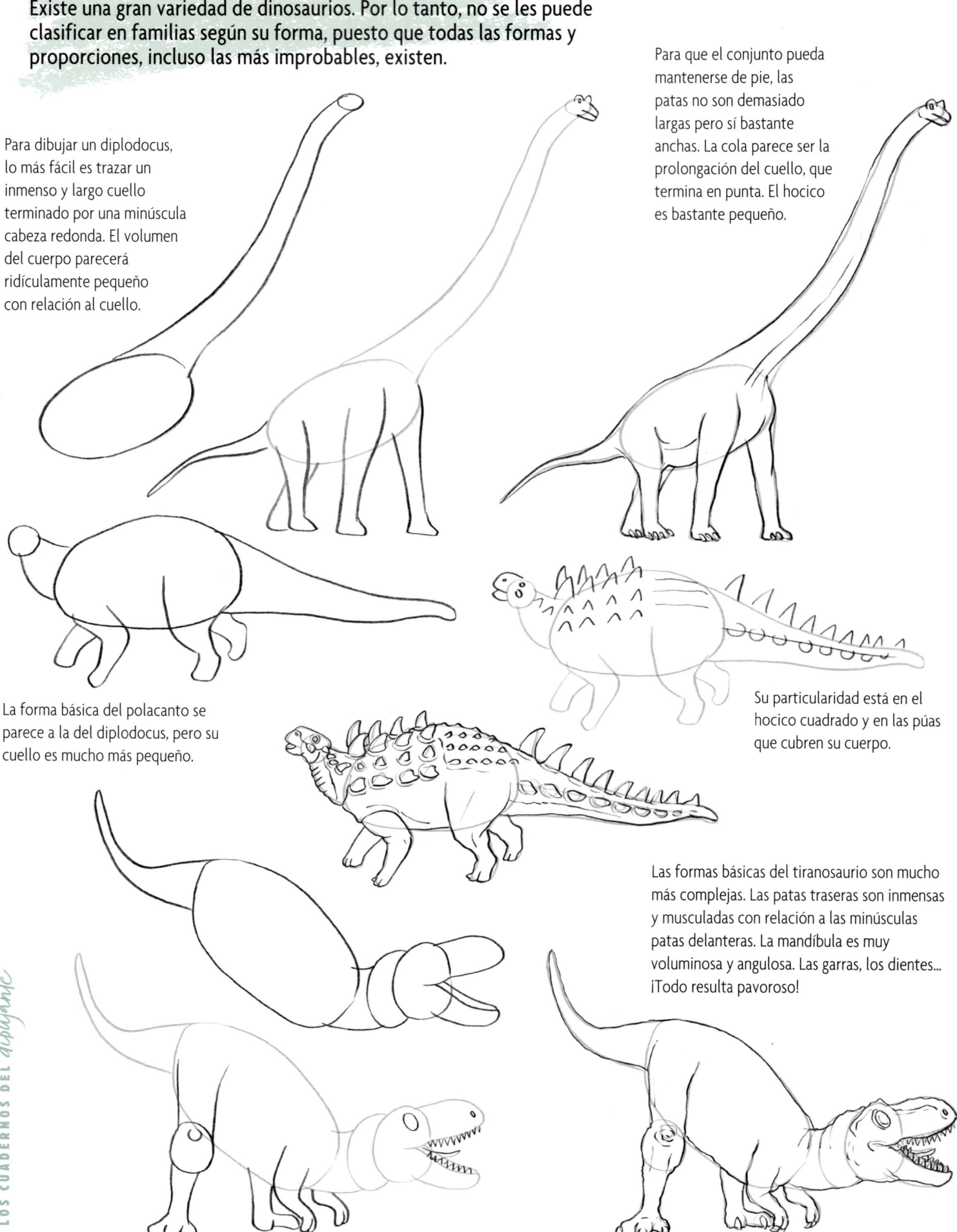

Para dibujar un diplodocus, lo más fácil es trazar un inmenso y largo cuello terminado por una minúscula cabeza redonda. El volumen del cuerpo parecerá ridículamente pequeño con relación al cuello.

Para que el conjunto pueda mantenerse de pie, las patas no son demasiado largas pero sí bastante anchas. La cola parece ser la prolongación del cuello, que termina en punta. El hocico es bastante pequeño.

La forma básica del polacanto se parece a la del diplodocus, pero su cuello es mucho más pequeño.

Su particularidad está en el hocico cuadrado y en las púas que cubren su cuerpo.

Las formas básicas del tiranosaurio son mucho más complejas. Las patas traseras son inmensas y musculadas con relación a las minúsculas patas delanteras. La mandíbula es muy voluminosa y angulosa. Las garras, los dientes... ¡Todo resulta pavoroso!

# TERMINAR EL DIBUJO A ROTULADOR CON PUNTA DE PINCEL

Un rotulador viejo proporcionará un trazo menos negro, pero en cambio puede resultar más tenso y aleatorio.

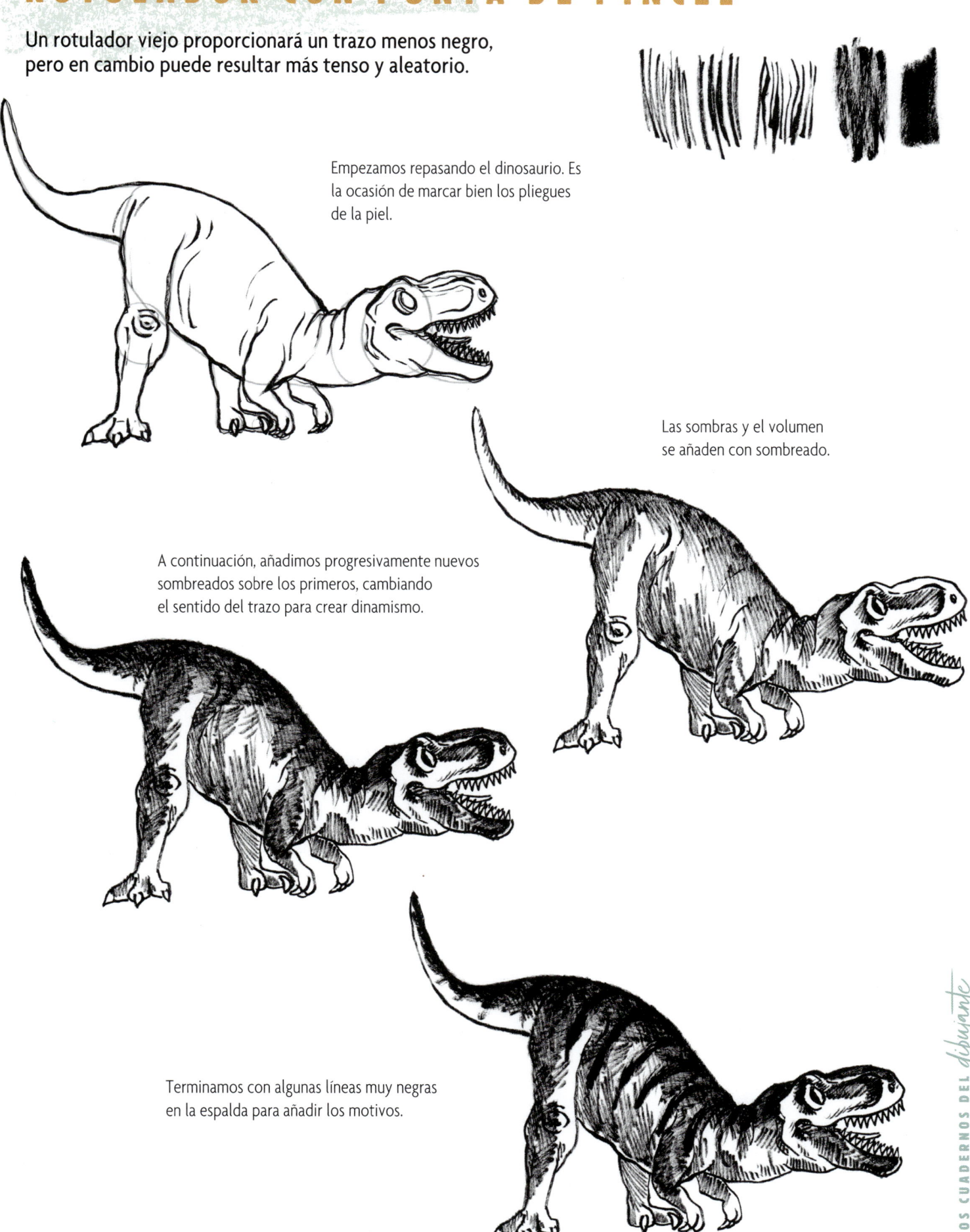

Empezamos repasando el dinosaurio. Es la ocasión de marcar bien los pliegues de la piel.

Las sombras y el volumen se añaden con sombreado.

A continuación, añadimos progresivamente nuevos sombreados sobre los primeros, cambiando el sentido del trazo para crear dinamismo.

Terminamos con algunas líneas muy negras en la espalda para añadir los motivos.

# LOS INSECTOS

Todos los insectos con caparazón se construyen sobre una base redonda u ovalada situada sobre una línea recta. Los detalles se articulan simétricamente a su alrededor. Muchos de estos detalles serán los que les diferencien.

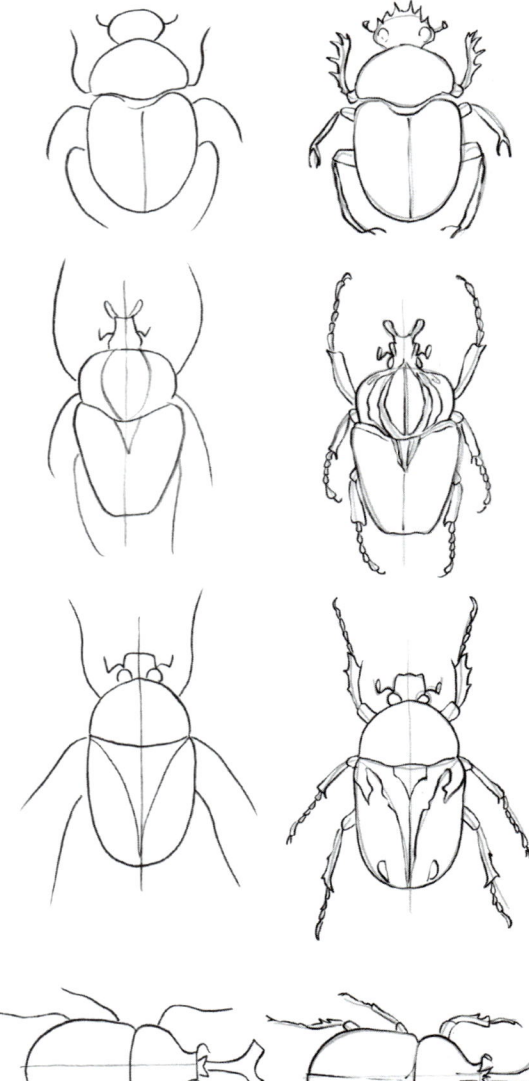

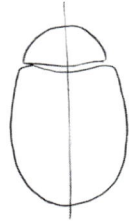 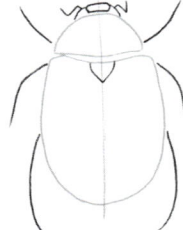 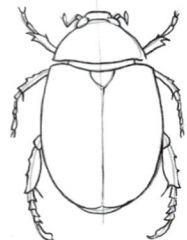

Para dibujar un escarabajo, empezamos con una línea recta en la que se sitúa el óvalo que une espalda y cabeza.

Añadimos unas líneas para las patas y los detalles de la cabeza.

Dibujando los contornos, damos grosor a las patas y añadimos los últimos detalles.

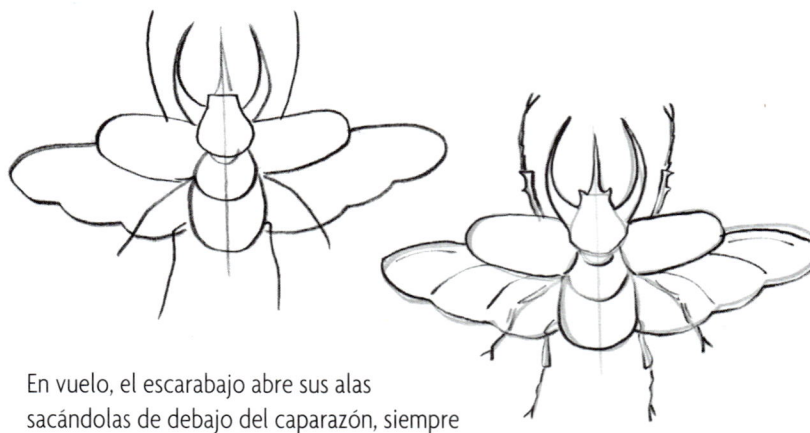

En vuelo, el escarabajo abre sus alas sacándolas de debajo del caparazón, siempre simétricamente si se mira desde arriba.

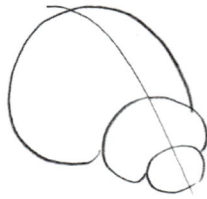

Si dibujamos un mariquita en una vista ¾, su espalda estará abombada. La línea recta central se curva y el conjunto está en perspectiva.

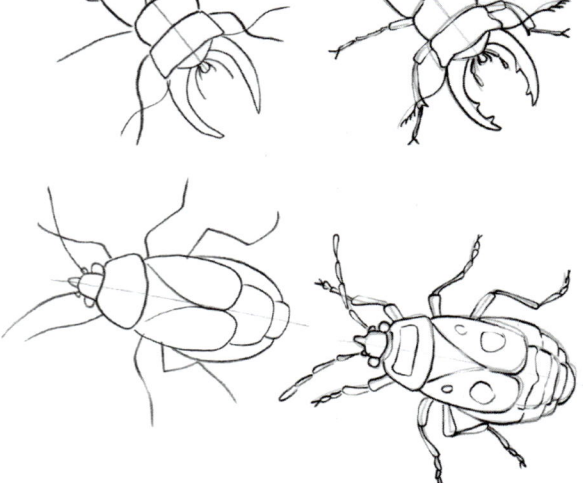

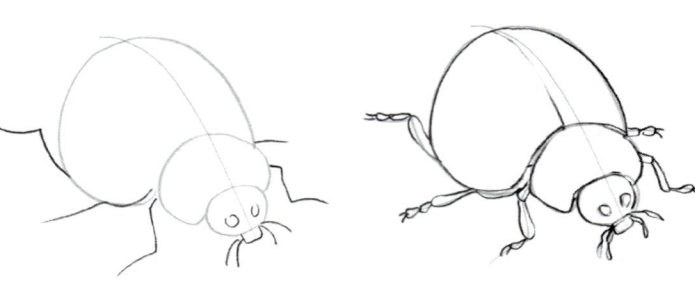

Desde este ángulo de visión, algunas patas no son visibles.

Existe una variedad infinita de pequeños escarabajos... La idea básica es la misma, pero cambia la relación proporcional entre la cabeza y el cuerpo, y, por supuesto, los detalles y motivos.

# TERMINAR EL DIBUJO A ROTULADOR Y A BOLÍGRAFO

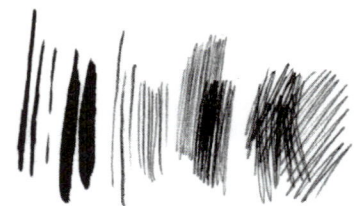

El bolígrafo permite, igual que el lápiz, matizar la intensidad del trazo. Se puede obtener desde un ligero gris hasta un negro intenso. Basta con apretar más o menos y superponer los trazos. El rotulador, en cambio, ofrece un trazo siempre muy oscuro.

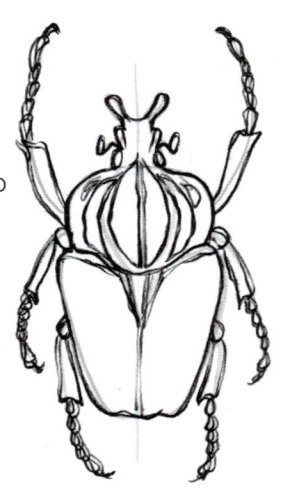

Empezamos repasando los contornos del dibujo a bolígrafo y añadimos los contornos de los motivos.

Rellenamos los motivos y las zonas oscuras con sombreados apretados, superponiéndolos parcialmente para darles más intensidad.

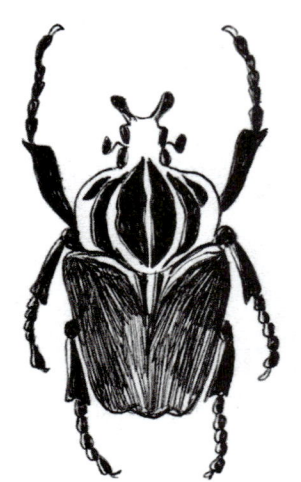

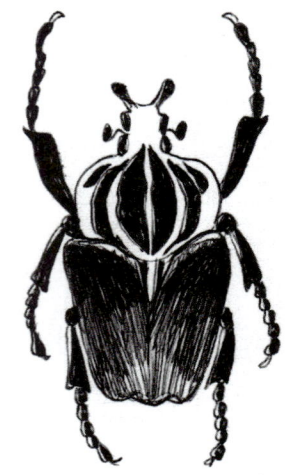

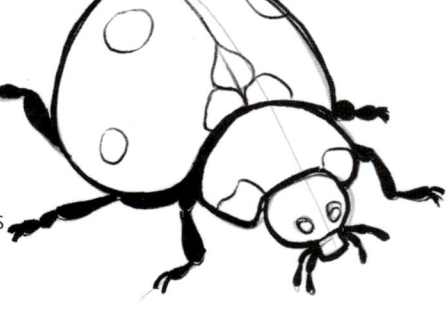

Elegimos el rotulador para dibujar los contornos de la mariquita. Podemos rellenar las patas y las antenas de negro.

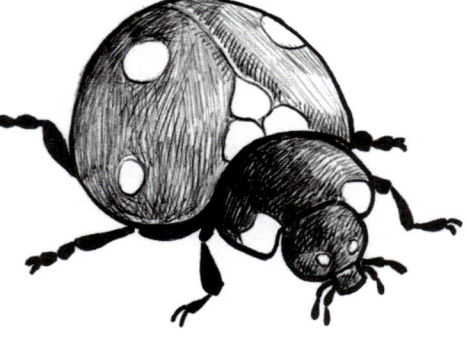

El bolígrafo permitirá oscurecer los volúmenes en varios pasos, en diferentes direcciones. La parte delantera es más oscura que el cuerpo.

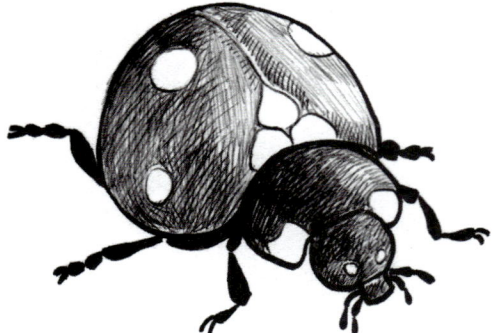

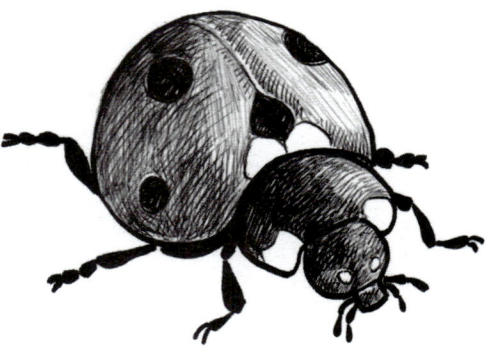

Finalizamos con los detalles, como las manchas.

# LISE HERZOG nació en 1973 en

Alsacia. Su vida comienza con un bolígrafo en la mano, llenando hojas de papel DIN A4 de bocetos y dibujos. En su búsqueda de precisión, Lise observa y repite sus dibujos día tras día, segura de haber encontrado la forma de representar las cosas e insatisfecha con el resultado al día siguiente. Entonces, vuelve a empezar. Y así, con toda naturalidad, prosigue su búsqueda en la universidad de Artes plásticas y luego en la de Artes decorativas en Estrasburgo. En 1999, con su diploma en el bolsillo, se decide a presentar sus cuadernos de dibujo a distintas editoriales, y así comienza su carrera como ilustradora. Ese mismo año, es seleccionada en la Feria del libro de Bolonia. Desde entonces, ha ilustrado numerosos libros, para niños y adultos, obras de ficción y documentales.

## SU PÁGINA WEB
http://liseherzog.ultra-book.com/

## SUS BLOGS
http://liseherzog.blogspot.fr/
http://machambredebonne.blogspot.fr/

## OTROS LIBROS DE LISE HERZOG PUBLICADOS EN ESTA MISMA EDITORIAL

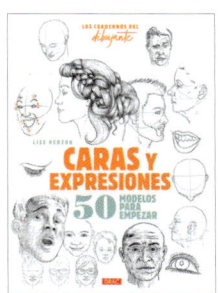
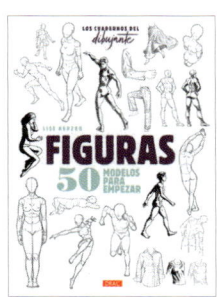
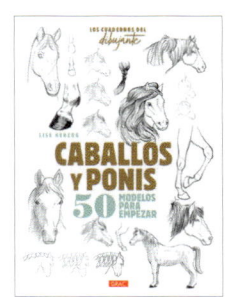
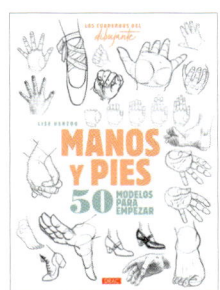

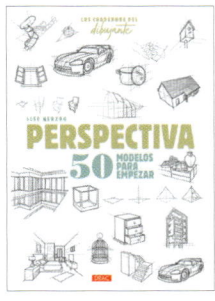
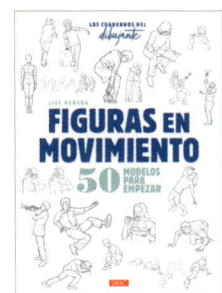
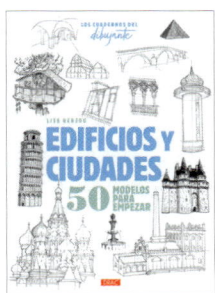